JN078685

自治体の財政診断入門

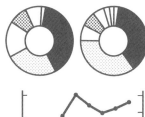
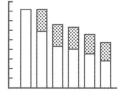

大和総研主任研究員
鈴木文彦 著

☑「損益計算書」を作れば稼ぐ力がわかる

学芸出版社

はじめに

　この度は拙著をお手に取っていただきありがとうございます。本書は従来ありそうでなかった自治体財政の入門書です。この本を読むと次のことがわかります。

・状況が網羅された「決算統計」の見るべきポイント
・要約された「決算カード」を読みとくコツ
・「行政キャッシュフロー計算書」の活用方法
・見逃しがちな「黒字倒産」の兆候の捉え方

　特に「行政キャッシュフロー計算書」を体系的に解説したのは本書が初めてです。

　銀行は貸し手の立場から融資先の財政状態を検証します。このとき使う財務書類の１つに損益計算書がありますが、返済能力を重視する銀行は、様々な解釈を伴った損益計算書を現金ベースに引き直します。真の「稼ぐ力」を検証するためです。この自治体版が「行政キャッシュフロー計算書」です。副題の通り「損益計算書を作れば稼ぐ力がわかる」のです。

　本書のコンセプトは自治体の財政診断です。稼ぐ力の実体は資金繰りですが、転じて「持続可能性」を意味します。自治体の財務内容から資金繰り破たんの兆候を見極めるのが財政診断です。本文で説明しますが財政診断において病名は借り過ぎ、赤字、金欠病の３つです。これを４つの検査値で診断します。

　資金繰りベースの財政診断が役に立つのは、従来指標で見逃しがちな「黒字倒産」の兆しを捉えることができるからです。経常収支比率や将来負担比率で問題なしとされた自治体が財政非常事態を宣言するに至った事例をもとに、企業分析の手法で見える財政危機の兆候について解説します。

地方財政の論点は他にもあります。関心が高いところでは「平成の大合併」。効果はあったのでしょうか。公立病院、第三セクターの経営問題から公共インフラの老朽化まで、自治体をとりまく様々な問題について企業分析の方法で明らかにします。

　そして言うまでもなく財政診断は改善と表裏一体です。診断を通じて特定された財政問題と整合する確かな改善策を講じる必要があります。改善の土台となるのが経営の発想です。「あれもこれも」ではなく、予算制約を踏まえ「あれかこれか」で施策を選択することです。将来ビジョンが判断基準として意味を持ちます。本書では経営の発想に基づく改善計画の策定法を解説します。実際に使える改善施策も多数紹介します。

　さて本書のもう1つの柱が自治体財政の基本の理解です。題材として自治体財政を1枚紙に要約した「決算カード」を使います。実質収支はじめ決算収支の意味から、性質別・目的別区分の見方まで、分析事例を交えつつ地方財政の基本的な理解を目指します。

　特に力を入れたのは、決算カードの元になる「地方財政状況調査表」いわゆる決算統計の解説です。決算カードはコンパクトですが省略された行間が多いのが難点です。本書では**経常収支比率**に焦点を当て、これが決算カード上でどのような経路をたどって作られているのかを丁寧に検証します。

　決算カード、行政キャッシュフロー計算書のいずれにせよ分析を進めると決算統計の数字の森を踏み分けることになります。一般に公表されている自治体財政のデータ集としては決算統計が最も詳細です。決算統計に着眼した財政本としても本書はお読みいただけます。

　扱う財務書類と同様、入門編から応用まで幅広いのが本書の特長です。地方財政に興味のある方々から自治体の実務家、コンサルタントから研究者まで幅広い方々にお読みいただくことを期待しています。

目次

第3章 損益計算書による財政診断   79

第 **1** 章

地方財政の現状と
既存指標の課題

1.

将来に不安を抱える地方財政

● **自治体の借入金をめぐる近年の動向**

地方財政の不安要因

　そもそも地方財政の状況は良かったのでしょうか、悪かったのでしょう
か。二者択一でいえば、表面上、かつ少なくともコロナ禍以前は良好でし
た。

　自治体の財政の良し悪しは借入金と基金の大きさでわかります。90年代
に急増した借入水準は落ち着きをみせ、積立に回す余裕ができ、実質無借
金の自治体も小規模団体中心に散見されます。

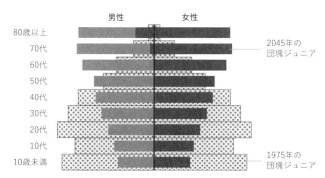

図1・1　2045年の人口ピラミッド
（出典：総務省「国勢調査」、国立社会保障・人口問題研究所「将来推計人口」から筆者作成）

しかし、将来にわたって盤石かといえば話は別です。図表1・1は今から20数年後、逆三角形になった日本の人口ピラミッドです。ここからわかることがいくつかあります。

　まずは高齢化による働き手の減少です。働き手の減少は将来の税収減の要因になります。医療・介護など福祉関連の経費を押し上げます。とりわけ地方において既に深刻ですが、今後は大都市部の問題になります。

　高齢化は住民だけではありません。高度成長期に大量整備した上下水道、橋梁などの都市インフラが続々と耐用年数を迎え、放っておくと支出は増える一方です。

　目先では新型コロナ禍による税収減と支出増が不安要因です。これを潮目に比較的良好だった地方財政の潮目が変わるかもしれません。

「臨時財政対策債」の増加

　俯瞰すると以前のような借入急増はないものの地方財政は一抹のリスクをはらんでいます。

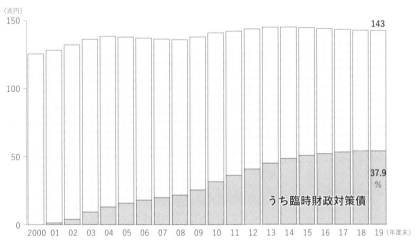

図1・2　地方債現在高の推移（出典：総務省「地方財政状況調査」から筆者作成）

都道府県および市区町村の借入残高（地方債現在高）の推移を見ると、2010年度以降は140兆円前半で推移しています。都道府県、政令指定都市、その他市町村など団体区分による違い、個々の地方自治体によるバラツキはありますが、「夕張ショック」が取りざたされた2000年代前半のように、借入れが短期間で膨張したようなことはありませんでした。

　しかし、借入の内訳を見ると別の側面が見えてきます。たしかに、2000年代から公共事業が少なくなったことを背景に、その財源の1つである地方債は少なくなりました。他方、こうした建設地方債が少なくなったのと歩調を合わせるように「臨時財政対策債」が増えています（図表1・2）。

臨時財政対策債とは

　臨時財政対策債は地方債の一種で資金使途は自由です。国から入る地方交付税の代替財源という考え方もあります。

　地方交付税は自治体固有の財源で、国から交付される国の所得税、法人税、消費税、酒税および地方法人税の一定割合[*1]が原資となります。一方で必要額は、人口や面積などを要素に積算した基準財政需要額と、標準的な税収入額をベースに計算した基準財政収入額との差額です。ひらたく言えば行政需要と地方税収の"足らずまい"です。

　もちろん原資と必要額は必ずしも一致するものではありません。事実としては供給が慢性的に不足しています。この不足分の約半分は国債で補填されますが、それでも足りません。個々の自治体に入金される地方交付税の水準があらかじめ見込んだ行政支出額を補填するのに足りないので、差額は新たな借入金で賄います。この借入金が臨時財政対策債なのです。

臨時財政対策債は借入金か交付金か

　臨時財政対策債は実態を見れば赤字補填のための地方債です。この地方債が仮に存在しなければ、あるいはまったく借入れしなければ資金ショー

トを起こすでしょう。この側面では"赤字地方債"といえます。

　他方、地方交付税の代替という見方もあります。本来は地方交付税として交付されるべきだが地方自治体が借入れする形式をとっている、という考え方です。臨時財政対策債の元利返済金は、地方交付税の算定の基となる基準財政需要額に計上されます。地方交付税に関する請求書の作成にあたって請求額のプラス要素に加えるということです。これを「交付税措置」といいます。

　とはいえ、国から支出できる地方交付税の総枠は先に述べた国税5税の一定割合です。請求に上乗せしても地方交付税そのものが増えるわけではありません。国税5税が増えるなら話は別ですが、そうでなければ元利返済額を加えた分だけ供給と需要のギャップが拡大するだけです。元利返済額を反映した新たな臨時財政対策債が必要になります。

　事実、臨時財政対策債の制度は「臨時」が頭に付くのと裏腹に毎年継続され、残高はこれまで前年度を下回ったことがありません。増加の一途をたどっています。

2.

コロナ禍で様変わりした地方財政

● コロナ禍以前からの課題とコロナ禍による課題

迫られる基金の大規模な切り崩し

臨時財政対策債の残高はこれまで前年を下回ったことがないとはいえ、増加ペースは鈍化しており、2019年度（令和元）にはほとんど横ばいにまでなりました。企業収益の回復で地方税収が堅調に推移していたことが背景にあります。ところがそのさなかのコロナ禍です。2021年度（令和3）

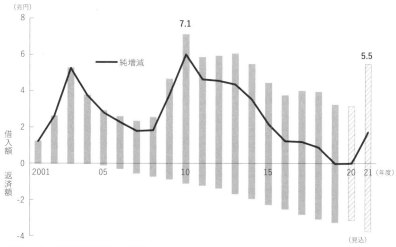

図表 1・3　臨時財政対策債の推移（作成出典：総務省「地方財政状況調査」から筆者作成）

地方財政計画によれば、2021 年度の臨時財政対策債は 5 兆 4,796 億円と前年度比 74.5% の大幅増の見込みとなりました（図表1·3）。

　また、それまで積み立てていた基金を大きく取り崩すケースも散見されます。2020 年 3 月末に 7.2 兆円あった地方自治体の財政調整基金は、9 月補正予算編成後の時点で 4.9 兆円に大幅に減少しました。東京都は 9,345 億円だったのが 1,718 億円に激減したところです[*2]。

ポスト・コロナに求められる戦略的な財政運営

　「夕張ショック」が一段落した約 10 年間、東日本大震災やリーマン・ショックなどはありましたが地方財政は比較的安定していました。この点、地方財政に特筆すべき問題なしといえそうです。

　もっとも、地方自治体の財政問題とは目の前で起きている事故・事件のようなものとは時間軸が異なります。仮に今問題ないとしても、このまま何も手を打たなければいずれ財政破たんするといった類の話です。**現在の問題ではなく将来の問題**といえます。

　これまでは基金に余裕があり、個々のバラツキはあるにせよ、全体をみれば借入水準は横ばいないし減少傾向にありました。しかし、コロナ禍で基金を一気に取り崩し、臨時財政対策債が再び増加に転じたことで、これまで抱えていた収支上の課題が問題として顕在化する可能性があります。

　財源に厳しい制約がある中で、必要とあればすべて取組む「あれもこれも」型の財政運営から、**重要性と緊急性で優先順位をつけ「あれかこれか」型の財政運営への転換が求められます**。優先順位をつけるためには将来の明確なビジョンが必要です。一言でいえば戦略的発想です。

　百貨店や大規模スーパーは品ぞろえをすべて自分で賄うところが少なく、上階の家電、書籍コーナーなどは外の専門量販店をテナントとして入居させるケースが多くなってきました。それと同様、公共サービスの提供も地方自治体がすべて担う時代ではもはやありません。実績ある民間事業

者と分担し、従来以上のサービスを低コストで提供することを図るのも昨今の流れです。コロナ後はより一層進められていくことでしょう。

第 **2** 章

知っておきたい
自治体財務分析の基本

事業部制でつかむ自治体財政の全体像

① 財政視点で把握する自治体の組織体系

自治体は多様な事業を擁するグループ企業

　たとえば私たちが引っ越しをしたとき、それまで住んでいた市の役所に転出届を出し、新しい居を構えた市の役所に転入届を出します。結婚したら婚姻届、子どもが生まれれば出生届を近所の役所等に提出します。地方自治体といえばこのような戸籍・住民業務の窓口をまっさきに思い出しますが、これは地方自治体の仕事のほんの一部です。

　テレビドラマにもなった『健康で文化的な最低限度の生活』（柏木ハルコ、小学館）は生活保護を担当するケースワーカーのお話でした。まちづくり計画を立て、道路を通し、都市公園を整備するのも自治体の仕事です。公営住宅の整備と管理、いうなればアパート経営もします。小学校、中学校、図書館や公民館を運営し、動物園や水族館を持つ自治体もあります。自治体の業務は非常に多岐にわたるのが特徴です。ときにデベロッパー、そしてスタジアム・アリーナ事業者、都市ガスや水道を営むインフラ事業者、鉄道事業者、病院から医療保険まで、**様々な「子会社」を傘下に擁するグループ企業**のようなものです。

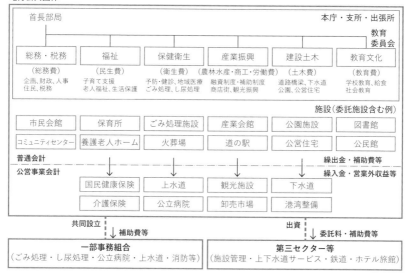

地方公共団体

首長部局				本庁・支所・出張所

教育委員会

総務・税務	福祉	保健衛生	産業振興	建設土木	教育文化
(総務費)	(民生費)	(衛生費)	(農林水産・商工・労働費)	(土木費)	(教育費)
企画、財政、人事住民、税務	子育て支援老人福祉、生活保護	予防・健診、地域医療ごみ処理、し尿処理	融資制度・補助制度商店街、観光振興	道路橋梁、下水道公園、公営住宅	学校教育、給食社会教育

施設（委託施設含む例）

市民会館	保育所	ごみ処理施設	産業会館	公園施設	図書館
コミュニティセンター	養護老人ホーム	火葬場	道の駅	公営住宅	公民館

普通会計　　　　　　　　　　　　　　　　　　　　　　　　　　繰出金・補助費等

公営事業会計　　　　　　　　　　　　　　　　　　　　　繰入金・営業外収益等

国民健康保険	上水道	観光施設	下水道
介護保険	公立病院	卸売市場	港湾整備

共同設立　　↓補助費等　　　　　　　　出資　　↓委託料・補助費等

一部事務組合(ごみ処理・し尿処理・公立病院・上水道・消防等)	第三セクター等(施設管理・上下水道サービス・鉄道・ホテル旅館)

図表 2・1　　自治体財政の観点でまとめた体系図 (筆者作成)

財政視点でみる自治体の組織体系

　図表2・1は本書の分析対象である地方自治体について、これから説明する決算書を念頭に書いた組織体系図です。主に市区町村を想定したので、総務・税務、福祉、保健衛生、産業振興、建設土木、教育文化の6つの事業部があります。消防等もありますが紙幅の都合で省略します。

　図表2・1の分類は後述する、民生費、衛生費、労働費、商工費、土木費、教育費など自治体財政の「目的別歳出区分」に対応しています。図表では事業部に見立てた機能別分類の実際の名称は「商工観光課」や「健康福祉課」、「都市整備課」のようになっています。現実の組織図には議会などもありますが、ここでは本書のストーリーに関係あるものに絞りました。

② 地方公共団体における会計の種類

普通会計

「自治体財政」ということから地方自治体という言葉を使っていますが、会計の文脈では「地方公共団体」という言葉が使われます。**地方公共団体の会計は「普通会計」と「公営事業会計」に分かれます。**

財政分析の対象は普通会計です。職員の働く場所に着眼すると、自治体には本庁・支所・出張所の他に「公の施設」があります。総務部門なら市民会館、福祉部門なら保育所や養護老人ホーム、教育文化なら図書館や公民館、図表2・1にないものでは野球場や市民プールなどが挙げられます。本庁よりもこうした公の施設のほうが私たちには身近なように思われます。これらも普通会計に属します。

公営事業会計

次は公営事業会計です。本社の会計も工場の会計も同じ会社の会計であるように、普通会計も公営事業会計も地方公共団体の会計です。普通会計から公営事業会計への支出を「繰出金」といいます。収入は「繰入金」です。つまり**同じ地方公共団体の会計間のやりとりが繰出金と繰入金です。**そして普通会計の繰出金は公営事業会計からみれば繰入金で、逆もまた然りです。なお公営事業会計の代表が国民健康保険です。

公営事業の中で上水道や公立病院など企業形態のものを区別して「公営企業」といいます。水道料金や診療報酬などの営業収益で企業にかかるすべての経費を賄う独立採算が原則です。

もっとも、**高度な公共性を持つことから料金収入だけでは赤字になる**ことがあります。保健事業や消防用水はその典型ですが、自治体の本業を公営企業に委託するケースなど、はじめから自治体が負担すべき経費もあります。そうしたことから自治体（普通会計）は公営企業に対して補助金や

負担金を支払います。公営企業からみれば営業外収益、ときに営業収益となります。上水道や公立病院は事業部でいえば保健衛生部門（衛生費）に属します。これら公営企業に対する普通会計の支出は衛生費に分類されます。

　産業振興部門を例に、図表2・1を縦方向にも見てみましょう。産業振興部門は目的別歳出区分でいう農林水産業費、商工費、労働費のことです。農業や地元商工業に対する支援、商店街や観光を盛り立てることが使命です。中小企業への融資・補助制度も行っています。産業会館を管掌〔かんしょう〕しています。図表2・1では道の駅を例示していますが、スキー場や国民宿舎、日帰り温泉施設を保有するケースもあります。観光施設は公営企業の形態で保有するケースもあります。卸売市場は自治体が開設していますが、これも公営企業の1つです。

③ 地方公共団体の外側にある事業体

一部事務組合

　地方公共団体の外側に「一部事務組合」があります。地方公共団体の普通会計が本社とすれば、公営事業や公営企業は支社ないし工場に例えられます。たとえば仙台市の普通会計も水道事業も仙台市の会計には違いありません。どちらも"地方公共団体"の会計です。それに対して一部事務組合は地方公共団体の外側にある"子会社"のような存在です。

　施設であればごみ処理施設や火葬場、公営企業なら上水道や公立病院など周辺自治体と共同で運営するケースがあります。そうしたときに組織するのが一部事務組合です。規約で決めた割合で構成団体が負担金を拠出し一部事務組合の運営費に充てます。公営企業の業務を担う一部事務組合をとくに「企業団」といいます。

　たとえば岩手中部水道企業団は岩手県北上市、花巻市、紫波町の上水道

事業を担う一部事務組合です。東京都多摩地区の高度医療を担う公立昭和病院は法人名を昭和病院企業団といい、病院を構える小平市の他、小金井市、東村山市、東久留米市、清瀬市、東大和市及び西東京市で構成された一部事務組合です。法人としての一部事務組合は分類上、地方公共団体の一種で、議会もあります。

第三セクター等

地方公共団体の外側のもう1つが「第三セクター」です。

まずは地方自治体が単独または他の自治体と共同で出資した子会社の地方道路公社、住宅供給公社、土地開発公社があります。土地開発公社は自治体の公共事業のために必要な土地の先行取得をする事業体です。2019年（平成31）3月末時点で727あります。

これらの3公社を含めないものが狭義の「第三セクター」です。3つの公社と狭義の第三セクターを合わせた広義の第三セクターは外郭団体とも呼ばれます。第三セクターは2019年（平成31）3月末時点で5,358団体あり、うち2,413社が会社法の法人です。

総務省ウェブサイトで公開されている「第三セクター等の出資・経営等の状況に関する調査」によれば第三セクター等の業種が多岐にわたることがうかがえます。秋田県南部の由利高原鉄道のようないわゆる第三セク

図表2・2　年間300万人以上が訪れる道の駅「あ・ら・伊達な道の駅」。宮城県大崎市が出資する第三セクター、株式会社池月道の駅の運営
（出典：公式Facebookページ）

ター鉄道や離島航路。スキー場やリゾートホテルなど観光施設、産直施設を運営する第三セクターもあります（**図表2.2**）。駅前の再開発ビルの事業主体であるケースも多いです。意外なところではプロサッカーチームのベガルタ仙台や仙台フィルハーモニー管弦楽団も分類上は第三セクターです。

◆ワンポイント：指定管理者

　体育館その他のスポーツ施設など地方公共団体の施設の運営を第三セクターが受託するケースも昔からあります。

　以前は地方公共団体の公の施設、地方自治法第244条に定められる「住民の福祉を増進する目的をもってその利用に供するための施設」の委託先は、地方公共団体が出資する法人つまり第三セクターや社会福祉法人など公共的団体に限られていました。2003年（平成15）の地方自治法の改正以降、議会の議決を条件に地方公共団体に指定された民間事業者が公の施設の管理主体として認められるようになりました。

　これを指定管理者制度といいますが、指定管理者は団体であれば地方公共団体の出資の有無は問われません。

---

④ 普通会計と各事業体とのつながり

人的つながりと財政的つながり

　地方自治体の組織は、会社に例えれば事業部制のようです。本庁の中に事業部があり、事業部毎に支所・出張所を持ち、施設を管掌しています。事業部毎に職員にかかる人件費と諸経費を計上。公営事業に対する繰出金、負担金、補助金を支出します。施設に関しては保有しつつ運営を子会社たる第三セクターや資本関係のない民間企業に委託するケースが多々あります。

　普通会計と普通会計の外の事業体の関係に着眼すると、はじめに挙げられるのは**出向による人的つながり**です。もっとも一部事務組合、上下水道、

バス・地下鉄、公立病院など公営企業で大規模なものは独自に職員を採用するケースがみられます。

次は財政的なつながりです。**一部事務組合は負担金の分担、地方3公社や第三セクターには出資によるつながり**が存在します。経常的な支出もあります。公営事業に対しては繰出金。公営企業には負担金や補助金の形式で運転資金を補填します。第三セクターには委託料や補助金を支出します。体育館や市民プールなど公の施設の運営を委ねるケースでは委託料になります。**赤字の補填が定例の補助金で足りない場合、親自治体の貸付金で資金繰りをしのいだり、追加の出資金で累積欠損を補填したりするケース**もあります。

普通会計の外の事業体に対する資金流出に注意

自治体財政の対象は公営事業会計を除いた普通会計が基本です。企業分析でいう単体・連結になぞらえれば単体の決算を診断します。他団体との比較をする上では、団体ごとに大きく異なる諸会計を普通会計に合算するよりは、対象を普通会計に限定し、あらかじめ業務内容を揃えたほうがわかりやすいからです。

一方、公営事業を含めた全体を把握する観点も重要です。こうしたことから、**普通会計を診断するにあたっては、当の普通会計と普通会計の外の事業体に対する資金の流出に目を配る必要**があります。科目名は委託料、負担金、補助金、繰出金、出資及び貸付金です。どの事業体にどれだけ支出しているか、それが普通会計にどのような影響を与えているかが重要な着眼点となります。

2.

地方財政の状況がわかる決算カードの読み方

① 自治体の財務状況が要約された「決算カード」

地方財政状況調査表と決算カード

地方自治体の決算が網羅されているのは総務省の統計「地方財政状況調査」です。約70枚からなる地方財政状況調査表は情報の宝庫ではありますが、これを読むのは容易ではありません。

そこで、地方財政状況調査表をベースに地方自治体の財政状況を1枚に要約したものを読むことにします。それが「決算カード」です。まるでお弁当のように財務データが詰め込まれています。地方自治体のウェブサイトで公開されていますが、すべての地方自治体の決算カードが集められている総務省のウェブサイトからたどるのが便利です[*3]。

本章では、岐阜県高山市の決算カードを例に、読み方を解説します（図表2・3）。図表はこれから解説する箇所を囲んでいます。

◆ワンポイント：地方財政状況調査

地方財政状況調査表は、政府統計の総合窓口「e-Stat」で1989年度決算からダウンロードできます[*4]。全国の傾向を示した概要は速報が例年9月ごろ、確報が11月末頃に公表されます。確報が公表されると個々の自治体の財務データもe-Statに上げられます。

（注）　1．普通建設事業費の補助事業費には受託事業費のうちの補助事業費を含み4　単独事業費には同級他団体施行事業負担金及び受託事業費のうちの単独事業費…
　　　　2．東京都特別区における基準財政収入額及び基準財政需要額は4　特別区財政調整交付金の算出に要した値であり財政力指数は4　前記の基準財政需要額…
333　　3．産業構造の比率は分母を就業人口総数とし4　分類不能の産業を除いて算出5
333　　4．人口については4　調査対象年度の1月1日現在の住民基本台帳に登載されている人口に基づいている5
　　　　5．面積については4　調査対象年度の10月1日現在の市区町村4　都道府県4　全国の状況をとりまとめる6　全国都道府県市区町村面積調」（国土地理院）…
　　　　6．個人情報保護の観点から4　対象となる職員数が1人又は2人の場合46　給料月額（百円）7　及び6　一人当たり平均給料月額（百円）7　をアスタリスク（＊）7…

図表 2・3　　高山市の決算カード（出典：高山市）

決算カードの基本構成

まずは決算カードの基本的な構成を説明します。

決算カードのヘッダ部分には人口、面積、就業者数で分類した産業構造などの基礎情報が記載されています。

右上に歳入、歳出、歳入歳出差引その他の決算収支が並ぶ「収支状況」欄があります。収支のうち歳入の内訳が左上の枠「歳入の状況」欄にあります。この最上段が「地方税」で、その内訳は右隣にある「市町村税の状況」に記載されています。

歳出の内訳は下段にあります。内訳は性質別と目的別の2つの切り口で区分され、左側が「性質別歳出の状況」で、右側が「目的別歳出の状況」です。それぞれの合計額が同じであることを確認してください。そのさらに右側に様々な財務分析指標や積立金等残高が並ぶコーナーがあります。その他に「一部事務組合加入の状況」や「公営事業等への繰出」があります。決算分析で重要なポイントである、一部事務組合や公営事業等への資金流出については第3章「損益計算書による財政診断」で詳しく説明します。

決算カードによる検証手順

決算カードは「経常収支比率」を中心に分析します。収支状況欄の決算収支とは別の切り口の収支で、性質別歳出の状況の欄の右下角にあります。

経常収支比率が高ければその要因は何か、指標の分母と分子である「経常一般財源等」と「経常経費」のそれぞれの課題を考察します。

課題の背景として、規模の大小、ベッドタウンか否かなど共通の属性を持つグループ内の位置づけを把握します。

歳入であれば自主財源の割合、税収の上下変動における法人市民税の影響度なども着眼点です。

歳出であれば、内訳別にみた経常経費の特徴を検証。数年前と比べて何が増えているのかを特定します。投資的経費では目的別にみた普通建設事

業費の動向を探るのも有効でしょう。

　要因を深掘りするのに使えるのが決算カードの原データである地方財政状況調査表、通称「決算統計」です。そもそも決算カードは決算統計の要約なので、決算カードの数値がどのようにできているかを理解するのに決算統計が不可欠です。

　以降、順に読み方を解説していきます。

② 歳入の読み方

歳入の状況

　経常収支比率の説明をする前に、決算カードに沿って歳入と歳出について説明します。

　図表2·4は高山市の決算カード「歳入の状況」です。決算額の"うち書き"で「経常一般財源等」があります。合計欄の26,913,344千円は経常収支比率の分母になります。ただし臨時財政対策債を除いた経常収支比率88.0％の分母です。「❺収支の読み方」（p.51）で詳しく説明しますが、経常一般財源等に対する経常経費の式で示される**経常収支比率は2つあります**。経常一般財源等に臨時財政対策債を加算して求めた経常収支比率（84.6％）と、加算せずに算出した経常収支比率（88.0％）です。

財源の4分類と特徴

　もっとも、経常一般財源等は歳入の何を抽出しているのか、決算カードを見てもピンときません。決算カードの基となっている財政状況調査表を見てみましょう **(図表2·5)**。

　財政状況調査表と見比べると、決算カードは財務状況調査表の第5表「収入の状況」のうち第1列「決算額」と第6列「一般財源等」（差引経常的なもの）を抜粋したものだとわかります。

図表 2・4　決算カード 歳入の状況 (2019年度 (令和元))

歳　　入　　の　　状　　況　　（単位：千円・%）				
区　　　　分	決　算　額	構成比	経常一般財源等	構成比
地　　方　　税	13,612,887	27.1	12,732,376	47.3
地　方　譲　与　税	638,983	1.3	638,983	2.4
利　子　割　交　付　金	12,478		市町村税の状況 78	0.0
配　当　割　交　付　金	49,764	0.1	49,764	0.2
株式等譲渡所得割交付金	26,611	0.1	26,611	0.1
分離課税所得割交付金	－			
地　方　消　費　税　交　付　金	1,685,044	3.4	1,685,044	6.3
ゴルフ場利用税交付金	24,402	0.0	24,402	0.1
特別地方消費税交付金	－			
自動車取得税交付金	95,999		95,999	0.4
軽油引取税交付金	－			
自動車税環境性能割交付金	28,468	0.1	28,468	0.1
地方特例交付金等	201,613	0.4	201,613	0.7
内 個人住民税減収補塡特例交付金	58,288	0.1	58,288	0.2
自動車税減収補塡特例交付金	13,737	0.0	13,737	0.1
軽自動車税減収補塡特例交付金	2,916	0.0	2,916	0.0
訳 子ども・子育て支援臨時交付金	126,672	0.3	126,672	0.5
地　　方　　交　　付　　税	12,808,834	25.5	11,203,779	41.6
内 普　　通　　交　　付　　税	11,203,779	22.3	11,203,779	41.6
特　　別　　交　　付　　税	1,605,027	3.2	－	
訳 震災復興特別交付税	28	0.0	－	
（　一　般　財　源　計　）	29,185,083	58.1	26,699,517	99.2
交通安全対策特別交付金	9,536	0.0	9,536	0.0
分　担　金　・　負　担　金	435,519	0.9	－	
使　　　用　　　料	416,662	0.8	108,139	0.4
手　　　数　　　料	170,962	0.3	－	
国　庫　支　出　金	5,194,813	10.3		
国　有　提　供　交　付　金	－			
（特別区財調交付金）	－			
都　道　府　県　支　出　金	3,872,179	7.7	－	
財　　産　　収　　入	380,047	0.8	69,507	0.3
寄　　　附　　　金	387,297	0.8	－	
繰　　　入　　　金	3,838,056	7.6	23,266	0.1
繰　　　越　　　金	1,934,770	3.9	－	
諸　　　収　　　入	2,354,772	4.7	3,379	0.0
地　　　方　　　債	2,037,500	4.1		
うち減収補塡債（特例分）	－			
うち臨時財政対策債	1,100,000	2.2		
歳　　入　　合　　計	50,217,196	100.0	26,913,344	100.0

経常収支比率の分母

（出典：高山市の決算カードに筆者加筆）

図表2・5　地方財政状況調査表 第05表 収入の状況 (2019年度（令和元）)

団体コード　212032
表番号　　　05

収　入　の　状　況

第1列　　　　　　　　　　　　　　　　　　　　　　　　　　　　第6列

（単位：千円）

区　分	行	決算額(A)	臨時的なもの(B) 特定財源 臨時・特定	一般財源等 臨時・一般	差引経常的なもの(A)-(B)	左の内訳 特定財源 経常・特定	一般財源等 経常・一般	決算額構成比(%)
1 地方税	0 1	13,612,887		880,511	12,732,376		12,732,376	27.1
2 地方譲与税	0 2	638,983			638,983		638,983	1.3
3 利子割交付金	0 3	12,478			12,478		12,478	0.0
4 配当割交付金	0 4	49,764			49,764		49,764	0.1
5 株式等譲渡所得割交付金	0 5	26,611			26,611		26,611	0.1
6 分離課税所得割交付金	0 6							0.0
7 地方消費税交付金	0 7	1,685,044			1,685,044		1,685,044	3.4
8 ゴルフ場利用税交付金	0 8	24,402			24,402		24,402	0.0
9 特別地方消費税交付金	0 9							0.0
10 軽油引取税・自動車取得税交付金	1 0	95,999			95,999		95,999	0.2
11 自動車税環境性能割交付金	1 1	28,468			28,468		28,468	0.1
12 地方特例交付金等	1 2	201,613			201,613		201,613	0.4
13 地方交付税	1 3	12,808,834		1,605,055	11,203,779		11,203,779	25.5
14 交通安全対策特別交付金	1 4	9,536			9,536		9,536	0.0
15 分担金及び負担金	1 5	435,519	32,076		403,443	403,443		0.9
16 使用料	1 6	416,662		1,933	414,729	306,590	108,139	0.8
17 手数料	1 7	170,962	2,818		168,144	168,144		0.3
18 国庫支出金	1 8	5,194,813	1,548,836	7,292	3,638,685	3,638,685		10.3
19 国有提供施設等所在市町村助成交付	1 9							0.0
20 都道府県支出金	2 0	3,872,179	1,469,229	93,399	2,309,551	2,309,551		7.7
21 財産収入	2 1	380,047	238,762	71,775	69,510	3	69,507	0.8
22 寄附金	2 2	387,297	387,297					0.0
23 繰入金	2 3	3,838,056	934,790	2,880,000				7.6
24 繰越金	2 4	1,934,770	1,599,446	335,324				3.9
25 諸収入	2 5	2,354,772	1,632,523	149,072	573,177	569,798	3,379	4.7
内 収益事業収入	2 6							0.0
各種貸付金元利収入	2 7	1,026,000	1,026,000					2.0
訳 その他	2 8	1,328,772	606,523	149,072	573,177	569,798	3,379	2.6
26 地方債	2 9	2,037,500						4.1
うち都道府県貸付金	3 0							0.0
うち減収補塡債特例分	3 1							0.0
うち臨時財政対策債	3 2	1,100,000						2.2
（歳入合計）	3 3	50,217,196	8,783,277	7,124,361	34,309,558	7,396,214	26,913,344	100.0
歳入構成比(%)		100.0	17.5	14.2	68.3	14.7	53.6	

決算カード「歳入の状況」の決算額

「歳入の状況」の経常一般財源等

（出典：総務省「地方財政状況調査」に筆者加筆）

　財政状況調査表からわかるように、そもそも**自治体決算は、収入のうち臨時的なものを抽出し、それ以外を経常的なものとして分類**します。経常的なものとは、ほとんどの団体で収入が予想され、各団体において毎年度経常的に収入される歳入です。

　次に、特定財源か一般財源かの分類があります。特定財源は使い道があ

らかじめ決まっているもの、一般財源はそれ以外、つまり使い道が決まっていないものを意味します。

　これら2つの軸から、収入は「経常一般財源」「臨時一般財源」「経常特定財源」「臨時特定財源」の4グループに分けられます。2019年度（令和元）の全国の市区町村の歳入を合算したところ図表2・6の具合でした。

　経常一般財源 (図表2・6左上) は経常収入かつ一般財源、すなわちほとんどの団体で毎年度経常的に入り、使い道が自由な収入です。

　次に、臨時一般財源 (図表2・6左下) は使い道が自由でも毎年度安定的に発生するとは限らない収入で、寄付金、繰入金、繰越金、地方債ははじめからこれに分類されます。同じ臨時収入でも国庫支出金や都道府県支出金、いわば上位団体から給付される補助金は使い道が決められています。当然特定財源となりますが、その中のほんの一部、予定された使い道を上回っ

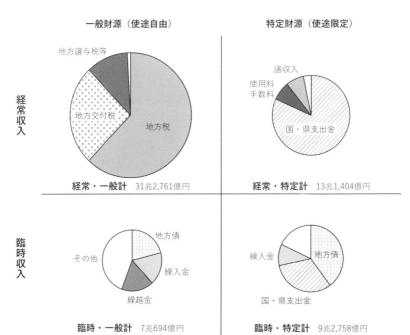

図表2・6　市区町村の財源内訳 (2019年度) (出典：総務省「地方財政状況調査」から筆者作成)

た分は一般財源に計上されます。

　図表2·6の右半分、特定財源のグループは充当先の経費が経常的なものか臨時的なものかによって経常特定財源と臨時特定財源に分けられます。

　経常特定財源（図表2·6右上）は、**経常収入でも使い道が特定された収入**です。たとえば市民プールの維持費に使われる入場料などがあります。また、生活保護費をはじめ福祉関係の国や都道府県の負担分もこのグループです。

　最後に**臨時特定財源**（図表2·6右下）で大きいのは、建設事業など**臨時的な支出に充てられる補助金や地方債等**の財源です。

◆**ワンポイント：経常一般財源は経常収支比率の分母**

　４グループのうち経常一般財源が経常収支比率の分母になります。企業分析の経常収益、売上に当たります。ただし、企業の特別利益に比べ「臨時的」の意味が広いうえ、経常経費の財源であるにもかかわらず経常一般財源にカウントされない一部の収入があるので、経常収益ないし売上より狭い概念です。

　後で繰り返しますが、現行制度上はこれに臨時財政対策債が加わったものが経常収支比率の分母になります。ちなみに標準財政規模とほぼ同じ額になります。

市町村税の状況

　経常一般財源で大きなウェイトを占めるのが地方税です。決算カード「歳入の状況」の最上段に計上されています（図表2·7）。

　地方税は常に一般財源です。臨時的収入が控除される前の決算額の内訳が「市町村税の状況」に記載されています。市町村税のうち、臨時的収入に区分される項目は超過課税分のうち適用期限があるもの、法定外普通税、都市計画税および法定外目的税です。地方税の決算額と経常一般財源等のズレの多くは都市計画税です。

　市町村税の状況を検証するにあたって、はじめに自治体の税収構造を把

図表 2·7　決算カード 市町村税の状況 (2019 年度 (令和元))

市　町　村　税　の　状　況　　（単位：千円・％）			
区　　　　　分	収　入　済　額	構　成　比	超 過 課 税 分 （一部は臨時）
普　　　　通　　　　税	12,487,008	91.7	－
法　定　普　通　税	12,487,008	91.7	－
市　町　村　民　税	5,097,116	37.4	－
内 個　人　均　等　割	170,022	1.2	－
所　　　得　　　割	4,082,195	30.0	－
訳 法　人　均　等　割	321,095	2.4	－
法　人　税　割	523,804	3.8	－
固　定　資　産　税	6,505,831	47.8	－
うち純固定資産税	6,478,595	47.6	－
軽　自　動　車　税	313,280	2.3	－
市　町　村　た　ば　こ　税	570,781	4.2	－
鉱　　　産　　　税	－	－	－
特　別　土　地　保　有　税	－	－	－
法　定　外　普　通　税 →臨時的収入			
目　　　的　　　税	1,125,879	8.3	－
法　定　目　的　税	1,125,879	8.3	－
内 入　　　湯　　　税	245,368	1.8	－
事　業　所　税			
訳 都　市　計　画　税 →臨時的収入	880,511	6.5	－
水　利　地　益　税　等			
法　定　外　目　的　税 →臨時的収入			
旧　法　に　よ　る　税			
合　　　　　　　　計	13,612,887	100.0	

「歳入の状況」地方税

(出典：高山市の決算カードに筆者加筆)

握します。どの市町村も市町村民税と固定資産税の 2 つが税収の柱です。

　図表 2·8 は市町村民税の内訳を団体区分別に示した横棒グラフです。いずれも市町村民税と固定資産税の構成比が大きいですが、人口規模が小さくなると市町村民税の構成比が小さくなることがわかります。同じ団体区分であればベッドタウンのほうが市町村民税とりわけ個人分の構成比が大きいとうかがえます。

　市町村民税は景況に連動します。とくに法人分は上下変動が激しく、地方自治体は翌年度予算の検討にあたって影響が大きな大企業にヒアリング

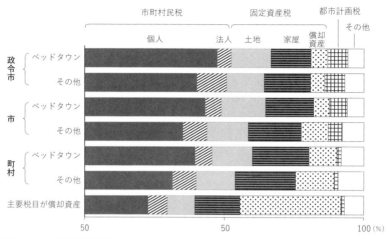

図表2・8　市町村税の内訳 (2019年度)（出典：総務省「地方財政状況調査」から筆者作成）

し、翌年度の税収を見積もっています。固定資産税は３年に１度の評価替えで変動しますが、それとは別に宅地を造成したり家屋の新築があったりすると増加します。

　たとえば自治体が補助金を投入して中心市街地の活性化に取り組んだ場合、自治体のリターンは新築された店舗やオフィスビルの評価額の1.4%（標準税率）です。誘致事業の利益に対する法人住民税、給与にかかる個人住民税もあります。**集客力が高まり地価が上昇すれば土地にかかる固定資産税の増加**も見込まれます。効果の発現期間にかかる税収効果から得られた利回りを基に活性化事業の適否を検討するのも一考です。

◆ワンポイント：特殊な税収構造にある自治体

　原子力発電所が典型ですが、大きな発電所や工場を擁する地方自治体は、固定資産税とりわけ償却資産のウェイトが目立って高いです。固定資産税の内訳は決算カードになく、地方財政状況調査表を調べることになりますが、ケースとしては多くありません。

3 性質別歳出の読み方

性質別歳出の区分と状況

　次に歳出の状況をみます。歳出の内訳は性質別と目的別の２つの切り口があります。性質別歳出からみてみましょう。

　性質別歳出は、人件費、物件費、維持補修費など**費用の性質に着眼した内訳**で、民間企業の損益計算書と似たような区分です。財務分析に使うのは性質別歳出です（**図表2·9**）。図表中に、すでに説明した経常一般財源、性

図表 2·9　決算カード 性質別歳出の状況 (2019年度（令和元）)

歳　入　の　状　況				（単位：千円・%）		
区　　　分	決　算　額	構　成　比	経常一般財源等	構　成　比		
地　　方　　税	13,612,887	27.1	12,732,376	47.3	③／(①+②)	+84.6% …A
地　　方　　債	2,037,500	4.1				
うち減収補塡債（特例分）					③／①	+88.0% …B
うち臨時財政対策債	1,100,000	2.2				
歳　入　合　計	50,217,196	100.0	26,913,344 ①	100.0		

性　質　別　歳　出　の　状　況					（単位：千円・%）
区　　　分	決　算　額	構　成　比	充当一般財源等	経常経費充当一般財源等	経常収支比率
人　　件　　費	6,864,992	14.3	6,448,165	6,329,014	22.6
うち職員給	4,501,124	9.4	4,143,123	2,517,976	9.0
扶　　助　　費	7,880,131	16.4	2,743,514		
公　　債　　費	4,126,833	8.6	4,083,971	4,083,971	14.6
内訳 元利償還金 元金	4,006,321	8.3	3,965,773	3,965,773	14.2
利子	120,512	0.3	118,198	118,198	0.4
一時借入金利子					
（義務的経費計）	18,871,956	39.2	13,275,650	12,930,961	46.2
物　　件　　費	7,118,446	14.8	5,780,747	4,699,179	16.8
維　持　補　修　費	890,050	1.9	818,577	810,721	2.9
補　　助　　費　等	3,894,974	8.1	2,845,867	1,370,237	4.9
うち一部事務組合負担金	79,731	0.2	79,031	79,031	0.3
繰　　出　　金	5,142,063	10.7	4,462,696	3,882,252	13.9
積　　立　　金	3,179,523	6.6	2,659,349		
投資・出資金・貸付金	1,026,000	2.1			
前年度繰上充用金					
投　資　的　経　費	7,958,472	16.6	2,059,107		
うち人件費	163,929	0.3	163,929		
内訳 普通建設事業費	6,243,729	13.0	2,057,695		
うち補助	2,580,075	5.4	358,395		
うち単独	3,339,136	6.9	1,395,094		
災害復旧事業費	1,714,743	3.6	1,412		
失業対策事業費					
歳　出　合　計	48,081,484 ⑥	100.0	31,901,993 ⑦		

特定財源で手当てされない経費

うち経常経費

経常経費充当一般財源等計 ③ 23,693,350 千円

経常収支比率 A 84.6 ％（B 88.0 ％）（減収補塡債（特例分）及び臨時財政対策債除く）

歳入一般財源等 ⑤ 34,037,705 千円

歳出決算額⑥48,081,484−特定財源（図表2·10の⑧8,783,277＋同⑩7,396,214）＝充当一般財源等⑦31,901,993
歳入一般財源等⑤34,037,705−充当一般財源等⑦31,901,993＝歳入歳出差引額 2,135,712
歳入一般財源等⑤＝経常一般財源等①26,913,344＋第5表「収入の状況」（図表2·5）臨時一般財源等 7,124,361

（出典：高山市の決算カードに筆者加筆）

36

質別歳出と経常収支比率の関係を示しておきます。

性質別経費の状況は「充当一般財源等」の列と「経常経費充当一般財源等」の列が決算額に対する“うち書き”になっています。こちらも、決算カードの性質別歳出の状況の要約される前のものが地方財政状況調査表にあります。第14表の「性質別経費の状況」です（**図表2·10**）。決算カードの「性質別歳出の状況」の「充当一般財源等」は財務状況調査表のうち第3列と第5列の一般財源等を合わせたものです。「経常経費充当一般財源等」は第5列すなわち一般財源等のうち経常的なものを抽出しています。

表から、**経費にも経常的なものと臨時的なものの区別がある**とわかります。積立金や投資的経費は常に臨時的な経費となります。

図表2·10　地方財政状況調査表 第14表 性質別経費の状況（2019年度（令和元））

団体コード　０１２３４５

表番号　１４

性質別経費の状況

（単位：千円）

区分	行	(1) 決算額 (A)	(2) 左のうち臨時的なもの (B) 特定財源	第3列 左のうち臨時的なもの (B) 一般財源等	差引経常的なもの (A)-(B)	(4) 左の内訳 特定財源	第5列 左の内訳 一般財源等	決算額構成比 (%)		経常収支比率 (%)	減収補塡債（特例分）及び臨時財政対策債を経常一般財源等から除いた経常収支比率 (%)
1 人件費 (a)	01	6,864,992	32,653	119,151	6,713,188	384,174	6,329,014	14.3		22.6	23.5
うち退職手当債を財源とするもの	02							0.0		[ ]	[ ]
2 物件費	03	7,118,446	430,952	1,081,568	5,605,926	906,747	4,699,179	14.8		16.8	17.5
3 維持補修費	04	890,050	45,792	7,856	836,402	25,681	810,721	1.9		2.9	3.0
4 扶助費	05	7,880,131	8,149	225,538	7,646,444	5,128,468	2,517,976	16.4		9.0	9.4
5 補助費等	06	3,894,974	753,799	1,475,630	1,665,545	295,308	1,370,237	8.1		4.9	5.1
内訳 (1) 一部事務組合に対するもの	07	79,731	700		79,031		79,031	0.2		0.3	0.3
内訳 (2) (1)以外のもの	08	3,815,243	753,099	1,475,630	1,586,514	295,308	1,291,206	7.9		4.6	4.8
6 公債費	09	4,126,833			4,126,833	42,862	4,083,971	8.6		14.6	15.2
内訳 (1) 元利償還金 (ｱ) 元金	10	4,006,321			4,006,321	40,548	3,965,773	8.3		14.2	14.7
内訳 (1) 元利償還金 (ｲ) 利子	11	120,512			120,512	2,314	118,198	0.3		0.4	0.4
内訳 (2) 一時借入金利子	12							0.0		0.0	0.0
7 積立金	13	3,179,523	520,174	2,659,349							
8 投資及び出資金・貸付金	14	1,026,000	1,026,000					2.1		0.0	0.0
9 繰出金	15	5,142,063	66,393	580,444	4,495,226	612,974	3,882,252	10.7		13.9	14.4
10 前年度繰上充用金	16							0.0			
計（1～10）		40,123,012	2,883,912	6,149,536	31,089,564	7,396,214	23,693,350	0.0		84.6	88.0
退職手当債を財源とするものを加えた経常収支比率										[ ]	[ ]
11 投資的経費	17	7,958,472	5,899,365	2,059,107				16.6		( )	( )
うち人件費 (b)	18	163,929		163,929				[illegible]		( )	( )
(1) 普通建設事業費	19	6,243,729	4,186,034	2,057,695				[illegible]		( )	( )
うち単独事業費	20	3,339,136	1,944,042	1,395,094				[illegible]		( )	( )
(2) 災害復旧事業費	21	1,714,743	1,713,331	1,412				[illegible]		( )	( )
(3) 失業対策事業費	22							0.0		( )	( )
歳出合計	23	⑥ 48,081,484	⑧ 8,783,277	⑨ 8,208,643	31,089,564	⑩ 7,396,214	23,693,350	100.0			
うち人件費 (a)+(b)	24	7,028,921	32,653	283,080	6,713,188	384,174	6,329,014	14.6			
歳出構成比 (%)		100.0	18.3	17.1	64.7	15.4	49.3				

充当一般財源等

積立金は常に臨時支出

決算カードの A ］［ B ］

決算カードの③ 経常経費充当一般財源等

経常収支比率と区分別の内訳

決算カードの充当一般財源等⑦31,901,993＝⑨8,208,643＋③23,693,350

（出典：総務省「地方財政状況調査」に筆者加筆）

臨時・経常の他にもう1つの分類軸があります。特定財源のある・なしの分類軸です。**経費の原資が特定財源か、一般財源等かで区分**されます。これは歳入の分類軸の一般財源、特定財源の区別に対応しています。第14表の特定財源の合計は第05表「収入の状況」(**図表2・5**)の特定財源の合計と一致します。

　ただこれには例外もあります。たとえば、ある施設を整備するにあたって、整備にかかる国の補助金が交付されたにもかかわらず整備費の工期が延びて支払いが翌年度になってしまったケース等が考えられます。その場合は翌年度に特定財源が繰り越されます。

　特定財源にはどのようなものがあるでしょうか。先ほど触れましたが、市民プールの入場料はじめ公共施設の使用料は、施設に関する特定財源です。市民プールを新設する、新たに道路を敷設するなど、建設事業にあたって、国や都道府県の支出金、地方債などを充てますが、そうした収入も特定財源になります。あらかじめ積み立てておいた基金を取り崩して事業費に充てた場合、その取崩し額が特定財源です。性質別区分の「繰入金」がそれに当たります。

　経費のうち特定財源で賄われるもの以外は、資金使途が自由の一般財源が充てられることになります。

　決算カードとの関係に話を戻します。決算カードの「経常経費充当一般財源等」は、地方税その他の一般財源等を所管する財政課等が各事業部門の経常経費に配分する一般財源等、とイメージするのがわかりやすいと思います。視点を変えれば、特定財源で手当されない経費のうち経常的なもの。「一般財源充当経常経費」と言っても意味は変わりません。決算カードの「充当一般財源等」は、財政課等が事業部門に、特定財源で手当されない歳出について配分する一般財源等。視点を変えれば特定財源で手当されない歳出です。

歳出の4分類と特徴

全国の状況をみてみましょう。

歳出の4つのグループのうち最も大きいのは特定の原資がない、つまり一般財源を原資とする経常経費で30兆2,782億円でした（**図表2・11左上**）。内訳は人件費が最も大きく、次いで物件費、公債費です。これら上位3費目で全体の61%を占めます。

次に経常経費で特定財源が原資になるものをみます（**図表2・11右上**）。これは扶助費が全体の69%を占めます。物件費と人件費がこれに次ぎます。

次に臨時経費をみます。一般財源を財源とするもので最も大きいのが投資的経費です（**図表2.11左下**）。中身は主に建設事業費です。補助費等、積立金がこれに続きます。

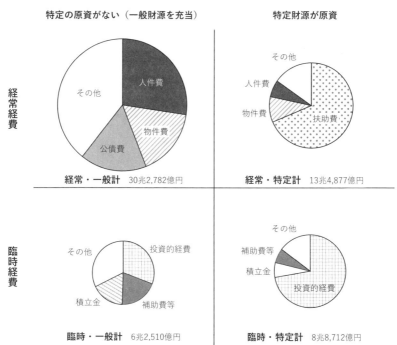

図表2・11　市区町村の経費の内訳 （2019年度）（出典：総務省「地方財政状況調査」から筆者作成）

最後は特定財源を原資とする臨時経費です（**図表2.11右下**）。最も大きいのが投資的経費で全体の72%を占めています。

◆**ワンポイント：一般財源にかかる経常経費が経常収支比率の分子**

　4グループのうち一般財源を原資とする経常経費が経常収支比率の分子になります。言い換えれば、経常経費のうち特定財源を原資とするものは経常収支比率の分子になりません。企業分析でも経常収支比率（経常収入÷経常支出×100（%））があり、同じく資金繰り状況を示す指標ですが、特定財源の有無による区別がないため、指標値と意味には若干のズレが生じます。分母と分子も逆さまです。

経費別にみる財源

　次に、人件費をはじめとする経費が、それぞれどのような財源で賄われているかをみてみましょう。図表2・12は2019年度、全国の1,741市区町村における性質別経費の財源内訳をみたものです。

　まとめると、地方税及び地方交付税等からなる一般財源は、人件費、物件費そして維持管理費など役所の一般管理費に回されます。扶助費は特定

図表2・12　性質別経費の財源内訳 (2019年度)

単位：%		国・都道府県 支出金	使用料・ 手数料	その他 特定財源	地方債	一般財源
人件費	平均値	4.0	2.0	1.8	0.0	**92.1**
物件費	平均値	9.0	5.4	10.2	1.3	**74.1**
維持補修費	平均値	3.9	9.6	5.0	0.2	**81.2**
扶養費	上位20%	**67.8**	0.0	4.3	0.0	36.5
	平均値	**63.5**	0.2	3.0	0.5	32.8
	下位20%	**59.4**	0.0	0.9	0.0	28.9
補助費等	上位20%	16.8	0.5	9.2	4.2	**89.7**
	平均値	11.7	0.5	6.4	2.5	**78.9**
	下位20%	5.1	0.0	1.6	00	**69.7**
繰出金	上位20%	17.3	0.0	0.5	0.0	**89.4**
	平均値	13.8	0.0	1.0	0.2	**85.0**
	下位20%	9.7	0.0	0.0	0.0	**81.9**
普通建設事業費	上位20%	32.6	0.2	15.7	**56.9**	33.2
	平均値	24.1	0.2	10.5	**41.7**	23.4
	下位20%	14.0	0.0	2.9	**27.0**	12.0

（出典：総務省「地方財政状況調査」から筆者作成）

財源によるところが大きく、支出額に応じて国など上位団体の補填を受けます。ただしすべて賄うことはできないため、足りない分は一般財源を充当します。補助金や繰出金は個人や地方公営企業を含む事業者に給付される費目ですが、こちらもケースによって上位団体の補填を受けます。

このような経費に充てられた後、一般財源は投資的経費に回されます。

 4　目的別歳出の読み方

自治体の力点がわかる目的別歳出

目的別歳出は決算カードの下段、性質別歳出の欄の右にあります。**目的別歳出**は上から議会費、総務費、民生費、衛生費、労働費、農林水産業費、商工費……という具合に、**業務分野別の区分**になっています。議会費なら議会事務局、総務費なら総務課、商工費なら商工観光課のように、庁内の

図表2・13　決算カード 目的別歳出の状況 (2019年度 (令和元))

目　的　別　歳　出　の　状　況　（単位：千円・%）				
区　　　　分	決算額（A）	構成比	（A）のうち普通建設事業費	（A）の充当一般財源等
議　　会　　費	297,720	0.6	－	297,720
総　　務　　費	6,342,263	13.2	351,341	4,998,679
民　　生　　費	13,507,006	28.1	481,900	7,236,154
衛　　生　　費	3,501,939	7.3	52,735	3,225,591
労　　働　　費	316,128	0.7	－	158,777
農 林 水 産 業 費	2,563,289	5.3	593,112	1,707,319
商　　工　　費	2,284,325	4.8	70,903	1,226,924
土　　木　　費	5,786,990	12.0	2,520,127	3,907,205
消　　防　　費	2,072,640	4.3	317,560	1,686,179
教　　育　　費	5,567,608	11.6	1,856,051	3,372,062
災　害　復　旧　費	1,714,743	3.6	－	1,412
公　　債　　費	4,126,833	8.6	－	4,083,971
諸　支　出　金	－			
前 年 度 繰 上 充 用 金	－			
歳　出　合　計	48,081,484	100.0	6,243,729	31,901,993

(出典：高山市)

部課に対応していると考えることもできるでしょう。**目的別歳出は業務ウェイトを知るための項目**といえます。

　図表2·13は高山市の決算カードの「目的別歳出の状況」欄の抜粋です。

　まず、議会費、総務費、民生費以下、目的別に区分された歳出決算額が、その隣に歳出合計に対する構成比があります。その1つ右列に「(A)のうち普通建設事業費」があります。これは性質別区分の1つです。そのさらに右の列に「(A)の充当一般財源等」とあります。総務費は4,998,679千円となっています。総務費のうち国庫補助金など使途が決められた財源を除いた額を意味しています。

　「目的別歳出の状況」は、地方財政状況調査表の第7表から第13表の「歳出内訳及び財源内訳」を要約したものです。地方財政状況調査表の「歳出内訳及び財源内訳」は、歳出を性質別と目的別の2軸で集計したクロス表になっています。数ページにまたがる大きな表なので本書のページに載せることができません。よって単位を百万円に丸め、タテとヨコを入れ替えるなどして要約しました（**図表2·14**）。現物は別途確かめてください。

図表2·14　目的別・性質別クロス表 (2019年度（令和元）)

(百万円)	議会総務	民生費	衛生費	産業振興*	土木費	消防費	教育費	公債費等	性質別計
人件費	2,458	877	391	660	404	1,214	861	-	6,865
物件費	1,592	638	1,740	467	458	326	1,897	-	7,118
維持管理費	17	4	25	50	761	5	28	-	890
小計	4,066	1,520	2,156	1,177	1,624	1,545	2,785	-	14,873
構成比 (%)	**27.3**	**10.2**	**14.5**	7.9	10.9	10.4	**18.7**	-	100.0
扶助費	-	7,669	51	-	-	-	160	-	7,880
補助費等	613	581	501	1,647	84	210	259	-	3,895
繰出金	-	3,254	120	624	1,143	-	0	-	5,142
投資・出資・貸付	-	-	-	1,026	-	-	-	-	1,026
普通建設事業費	351	482	53	664	2,520	318	1,856	-	6,244
積立金	1,609	1	620	26	416	-	507	-	3,180
公債費等	-	-	-	-	-	-	-	5,842	5,842
目的別計	6,640	13,507	3,502	5,164	5,787	2,073	5,568	5,842	48,081
構成比 (%)	**13.8**	**28.1**	7.3	10.7	**12.0**	4.3	**11.6**	12.1	100.0
特定財源 (▲)	1,344	6,271	276	1,215	1,880	386	2,196	1,756	16,179
一般財源等	5,296	7,236	3,226	1,386	3,907	1,686	3,372	4,085	31,902
構成比 (%)	**16.6**	**22.7**	10.1	4.3	**12.2**	5.3	**10.6**	12.8	100.0

* 産業振興は、労働費、農林水産業費及び商工費の合計

（出典：総務省「地方財政状況調査」から筆者作成）

まずは、図表2・14の歳出合計が決算カードの図表2・13と同じく48,081百万円であること、目的別の構成比、普通建設事業費そして充当一般財源等が一致していることを確認してみましょう。

構成比でみる歳出の特徴

——大きな自治体ほど小さい総務費、都市の社会福祉費、町村の農林水産業費

　高山市の構成比のうち最も高いのは民生費の28.1％です。議会総務費、土木費、教育費がこれに次ぎます。他に比べて高いのか低いのか、全国平均と比べてみたのが次の図表2・15です。図表中、折れ線で結んだマーカーは目的別歳出区分の特化係数を示しています。

　まず全国1,741市区町村の歳出を合算し、目的別区分の構成比を算出します。次に、政令指定都市、中都市、小都市そして町村の目的別区分の構成比を算出します。特化係数とは、合算ベースの構成比に対する比較対象となるグループの構成比の比率をいいます。ここでは全国合算ベースの構成比に対する各団体区分の構成比を算出しました。

　全国1,741市区町村の歳出合計に対する農林水産業費の構成比は2.3％で

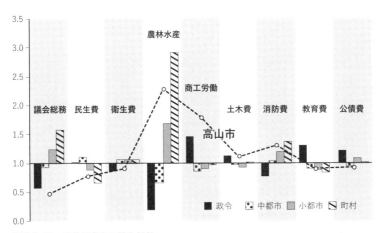

図表2・15　目的別歳出の特化係数（2019年度）（出典：総務省「地方財政状況調査」から筆者作成）

した。これに対し町村分を集計した歳出合計にかかる農林水産業費の構成比は6.8%でした。したがって特化係数は6.8%÷2.3%＝2.9となります。

図表2・15から団体区分別の目的別歳出の特化係数をみると、まず議会総務費は政令指定都市の構成比が低く、小都市や町村が高くなっています。なお図表の元データとなっている地方財政状況調査表の団体区分で小都市とは人口10万人未満、中都市は10万人以上をいいます。**議会総務費は団体規模が小さくとも一定のコストが必要な固定費であること**がうかがえます。規模が大きくなっても規模と同じペースでは増えない、いわゆる規模の経済性がはたらく費目です。

社会福祉費である民生費は町村で少なく、人口が多くなるにつれ構成比も高くなることがわかります。**農林水産業費は町村でもっとも力が入れられる費目**で、小都市がこれに次ぎます。政令指定都市の農林水産業費は小さいです。

高山市の全国に対する特化係数からは、農林水産業費のウェイトが高いことがわかります。商工費と労働費を合わせた商工労働費も同じように高いです。

地域別にみる歳出の特徴——ベッドタウンの構成比

目的別歳出は、市町村が中心都市のベッドタウンかそうでないかによっ

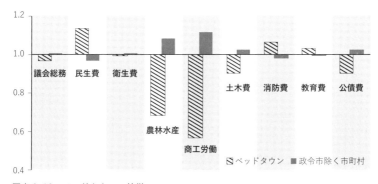

図表2・16　ベッドタウンの特徴 (2019年度) (出典：総務省「地方財政状況調査」から筆者作成)

ても変わります。次の図表2・16は政令指定都市と特別区を除く市町村の目的別歳出の特化係数を、ベッドタウンかそれ以外かの切り口によって区分したものです。本書でベッドタウンとは、2015年勢調査時点の昼間人口が夜間人口の90％未満であるものをいいます。大都市近郊に多く分布します。

　同じ人口規模の市、町村でも大都市近郊と地方では景色も財政構造も異なります。実際、図表2・16を見ると、**ベッドタウンは民生費の割合が高い**です。消防費や教育費も全国平均を上回っています。逆に、農林水産業費、商工労働費、土木費においてベッドタウンの構成比はベッドタウン以外を下回っています。

推移からみる歳出のトレンド──土木費の減少と民生費の増加

　決算カード目的別歳出の30年前からの推移をみてみましょう（**図表2・17**）。**中都市、小都市、町村のいずれも土木費の割合が低下し、民生費が上昇し**ていることがわかります。2019年度、中都市で民生費は歳出の41％ですが、30年前に比べ倍以上に上昇しました。89年度時点の構成比で最も高いものは土木費でした。小都市や町村も同じく土木費の構成比が最も高く、中都市ほどではないにしても土木費の割合が低下し民生費が上昇しました。

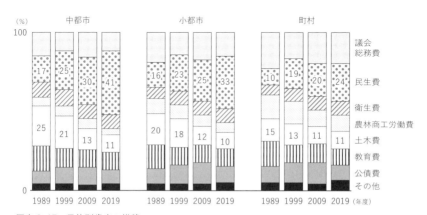

図表2・17　目的別歳出の推移 （出典：総務省「地方財政状況調査」から筆者作成）

　決算カード「目的別歳出の状況」欄には、普通建設事業費の目的別内訳が掲載されています。

　図表2・14から、高山市の場合、普通建設事業費6,244百万円のうち最も大きいのは道路工事はじめ土木費（2,520百万円）でした。全体の4割を占めます。教育費がこれに次ぎ、この2区分で全体の7割になります。教育費は学校施設や公民館などがあります。市町村全体でみても、保有する公共施設で最も多い分類は学校施設です。2015年では全体の4割ありました。

　ちなみに総務費は庁舎、民生費は保育所、衛生費はごみ処理、し尿処理施設、農林水産業費は漁港や圃場、土木費は道路、橋、河川改修や港湾整備、下水道や都市公園も含まれます。公営住宅もあります。教育費は学校の校舎の他、図書館や公民館など社会教育施設が含まれます。

　図表2・18で市区町村の普通建設事業費の推移をみてみましょう。5年ごとにみると過去のピークは1994年度で14兆5,000億円でした。それから10年で半減し、以降7兆円台で推移しています。2019年度は7兆9,000億円でした。内訳は30年前から土木費が最も多く全体の半分弱を占めていま

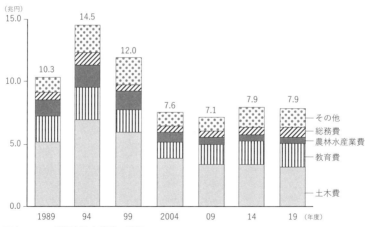

図表2・18　普通建設事業費の推移（出典：総務省「地方財政状況調査」から筆者作成）

す。教育費がこれに続きます。90年代までは農林水産業費が3番目に大きかったのですが、2000年代以降大幅に減少しました。近年は庁舎など総務費の割合が高くなっており教育費に次ぐ3番目の水準です。普通建設事業費は、土木費、教育費、農林水産業費そして総務費の上位4費目で全体の8割を占めています。

団体区分別にみる歳出の内訳
——上位4費目で全体の8割、町村は農林水産業費も大きい

団体区分別に普通建設事業費の目的別内訳をみます。

過去ピークの1994年度と2019年度を比較しました（図表2·19）。土木費は政令指定都市で大きく、構成比で半分以上を占めています。市、町村と規模が小さくなると農林水産業比の割合が高くなります。とくに1994年の町村は構成比にして最も高い区分でした。直近も農林水産業費は教育費に次ぐ3番目の大きさになっています。

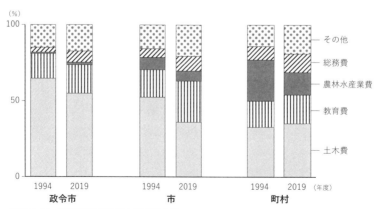

図表2·19　普通建設事業費の目的別内訳（出典：総務省「地方財政状況調査」から筆者作成）

歳出の目的別・性質別クロス表

──2つの着眼点で目的別歳出の特徴をつかむ

　さて、決算カード「目的別歳出の状況」の元になっているクロス表について説明します。目的別の構成比は支出からみた業務ウェイトですが、その中身をみると、会社に例えれば商品原価もそこで働く人の給料も一緒になっています。在庫を持つ販売業ともっぱら労務を提供するサービス業、設備投資が大宗を占める不動産開発業では費用構成が異なり横比較は困難です。とはいえ、費用構成が違う業種を事業部制で抱えているのがグループ企業としての地方自治体です。自治体内の「事業部」によって実際どのように異なるのか、目的別歳出区分ごとの費用構成をみてみましょう。

　ここで目的別・性質別クロス表の説明をするのは、**歳出を目的別と性質別の2つの着眼点で区分する**意味を理解するためです。趣旨に沿って同じ表を全国ベースで作成します**（図表2・20）**。紙幅の都合で単位は10億円に丸めました。

　目的別区分の構成比は最も大きい民生費が36.9%、次いで教育費の12.8%、以下議会総務費、土木費と続きます。部門別の財政規模を反映し

図表2・20　目的別・性質別クロス表 (全国版 2019年度)

(10億円)	議会総務	民生費	衛生費	産業振興	土木費	消防費	教育費	公債費等	性質別計
人件費	2,747	1,611	750	395	581	801	2,463	-	9,349
物件費	1,700	1,023	1,772	401	566	161	2,168	6	7,797
維持管理費	29	18	52	27	423	9	102	-	659
小計	4,476	2,651	2,574	823	1,570	970	4,734	6	17,805
構成比（%）	**25.1**	**14.9**	**14.5**	4.6	8.8	5.4	**26.6**	0.0	100.0
扶助費	0	13,175	228	0	-	-	419	-	13,822
補助費等	647	883	1,181	715	956	661	358	79	5,481
繰出金	5	4,473	72	123	455	0	1	3	5,131
投資・出資・貸付	11	13	144	864	191	0	17	16	1,256
普通建設事業費	776	531	527	695	3,145	271	1,907	7	7,860
積立金	1,326	28	34	45	87	37	105	1	1,661
公債費等	-	-	-	-	-	-	-	5,873	5,873
目的別計	7,241	21,754	4,759	3,265	6,404	1,939	7,541	5,984	58,888
構成比（%）	**12.3**	**36.9**	8.1	5.5	**10.9**	3.3	**12.8**	10.2	100.0
特定財源（▲）	1,849	11,074	1,177	1,219	2,892	318	2,481	652	22,359
一般財源等	5,392	10,680	3,582	670	3,512	1,622	5,060	5,332	36,529
構成比（%）	**14.8**	**29.2**	9.8	1.8	9.6	4.4	**13.9**	14.6	100.0

(出典：総務省「地方財政状況調査」から筆者作成)

ています。

　他方、役所の一般管理費ベースでみると構成比は若干異なってきます。人件費、物件費及び維持管理費の小計の構成比をみると、最も大きいのは教育費の 26.6%、2 番目は総務費の 25.1% です。民生費は 14.9% と上から3 番目に下がります。**本所の一般事務、多岐にわたる公の施設の管理、福祉関係などが 3 分の 2 を占め、役所の仕事のウェイトとしてはこちらのほうが実感に合うのではないでしょうか。**

　次に、民生費の内訳を性質別にみると扶助費の大きさに目が留まります。扶助費の大部分は生活保護費はじめ、対象住民に配る福祉関係の給付金です。財源の大部分は国庫支出金つまり国の補助金です。繰出金も多いですが、これは国民健康保険事業、介護保険事業などに対するものです。

　図表 2・20 のクロス表では、農林水産業費、労働費、商工費をまとめて「産業振興」としました。産業振興で大きいのは地元事業者に対する補助費等と投資及び出資・貸付金です。衛生費はごみ処理の委託費が物件費に計上されています。すでに説明したとおり、普通建設事業費は土木費や教育費に特徴的な費目です。費目構成から自治体の各部門がどのような仕事をしているか想像できます。

財源の構成比からわかる支出の重点

　図表 2・20 のクロス表をご覧ください。歳出の目的別計の下に財源の行があります。各歳出に対してまずは特定財源が充当されます。国や県の補助金、施設やサービスにかかる利用料・使用料など事業に紐づく収入です。事業を所管する部署からみれば自ら申請して、あるいは活動対価として獲得する独自収入といえます。

　さらに下、目的別計から特定財源を差し引いた額が「一般財源等」になっています。各歳出に特定財源を充当してなお残る「足らずまい」は一般財源等で補填されます。決算カード目的別歳出 (**図表 2・13**) の状況の最右列、

「(A) の充当一般財源等」はこの行を転記したものです。

　一般財源等は地方税や地方交付税など自治体が自由に使える収入で、主に財政課の所管です。財政課の立場に立てば収入が決算カード性質別歳出の状況 (図表2·13) に登場した「歳入一般財源等」で、支出が「充当一般財源等」になります。充当一般財源等は各部署に配分する繰出金や交付金のように映ります。**図表の最下段の一般財源等の構成比は財政課からみれば目的別の配分割合です。財政運営の観点でもっとも関心が高い構成比です。**全国ベースでは民生費 29.2% 、総務費 14.8% の順番となっています。高山市の場合 (図表2·14) も同じで民生費 22.7% 、次いで総務費の 16.6% です。**これは自治体財政に対する影響度を示します。大きいほど一般財源等を費消する、言い換えれば歳入歳出差引の下押し要因になります。**財政が厳しい自治体の財政課は、一般財源等の配分割合が高い事業部門により強くコスト削減を働きかけることでしょう。有利な補助制度を探すことや、施設やサービスの利用料・使用料の見直しを促します。

　まとめると、目的別・性質別クロス表は事業部別の損益計算書のように読めます。その場合、**一般・特定財源の合計（目的別歳出合計と同額）は事業部別の売上**に通じます。事業部間の構成比は業務ウェイトを反映しています。タテ方向に読むと事業部別の性質別内訳がわかります。このうち扶助費、補助費等、繰出金、投資・出資・貸付金など地域に給付するのは売上原価。普通建設事業費は建設会社の工事原価に通じます。対して**人件費、物件費及び維持管理費は一般管理費に相当**します。

　なお、決算カード「目的別歳出の状況」は地方財政状況調査表の所載表である目的別・性質別クロス表から目的別区分の合計欄、性質別区分のうち普通建設事業費、財源のうち一般財源等を抽出した表です。一段深く分析するには地方財政状況調査表に当たる必要があります。

　次項以降では、分析指標の読み方を説明します。ポイントは「積立金」と「地方債」の２つの現在高です。

⑤ 収支の読み方

４つの収支とフロー・ストックの区別

　ここまで歳入と歳出の状況をみてきました。次は歳入と歳出からなる収支の状況です。決算カードの右上、「収支状況」欄をみると、「歳入」「歳出」「歳入歳出差引」で終わらないことがわかります（**図表2·21**）。その下に「翌年度に繰り越すべき財源」から「実質単年度収支」まで続いています。

　形式収支、実質収支、単年度収支そして実質単年度収支と４つの「収支」があってややこしいです。なお、形式収支といいますが、歳入には前年度繰越が含まれているので、あえて区別すれば収支ではなく残高です。収支をフロー、残高をストックといいますが、まずはフローとストックの違いを頭の中でしっかり区別してください。違いを意識することが財務分析の第一歩です。

　ポイントは、**歳入歳出差引、実質収支と最後に述べる資金等が残高すな**

図表 2·21　決算カード 収支状況

区　　　　　　　　分		令和元年度（千円）	平成３０年度（千円）
収	歳　　　　入　　　　総　　　　額	50,217,196	46,848,083
	歳　　　　出　　　　総　　　　額	48,081,484	44,413,313
支	歳　入　歳　出　差　引	2,135,712	2,434,770
	翌年度に繰越すべき財源	1,069,342	1,808,770
	実　　　質　　　収　　　支	1,066,370	626,000
状	単　　年　　度　　収　　支	440,370	−549,403
	積　　　立　　　　金	101,863	88,165
	繰　上　償　還　金	−	−
況	積　立　金　取　崩　し　額	2,600,000	2,100,000
	実　質　単　年　度　収　支	−2,057,767	−2,561,238

(出典：高山市)

　歳入歳出差引　＝　歳入総額　−　歳出総額
　2,135,712　　　　50,217,196　　48,081,484

　実 質 収 支　＝　歳入歳出差引　−　翌年度に繰越すべき財源
　1,066,370　　　　2,135,712　　　　　1,069,342

　単 年 度収支　＝　当年度の実質収支　−　前年度の実質収支
　440,370　　　　　1,066,370　　　　　　626,000

　実質単年度収支　＝　単年度収支　＋　積立金　＋　繰上償還金　−　積立金取崩し額
　−2,057,767　　　　　440,370　　　101,863　　　　−　　　　　　　2,600,000

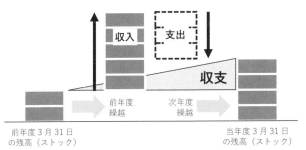

前年度 4 月 1 日から当年度 3 月 31 日まで
の収支（フロー）

収入　　支出

収支

前年度
繰越　　　次年度
　　　　　繰越

前年度 3 月 31 日
の残高（ストック）

当年度 3 月 31 日
の残高（ストック）

図表 2・22　ストック（残高）は時点、フロー（収支）は期間

わちストックで、単年度収支と実質単年度収支が文字通りの収支すなわち
フローということです（図表2・22）。決算収支は同じ"収支"であってもフロー
とストックが混在しているのが紛らわしく感じられます。

　決算カードに要約される過程で省かれた行間を補うことで、これら 4 つ
の収支の仕組みを理解しましょう。図表2・23 を見てください。高山市の収
支状況を行間の省略なしで作り直しました。

「形式収支」と繰越金

　歳入総額から歳出総額を引いた歳入歳出差引（または形式収支）は、す
べて翌年度に繰り越さず、翌年度の初めに一定額を財政調整基金に積み立
てます[5]。これを「歳計剰余金処分」（図表2・23・B）と言います。すなわち、
2018 年度（平成 30）の歳入歳出差引は、2019 年度（令和元）の繰越金と
歳計剰余金処分に分かれます。

　これは、高山市の決算カード「歳入の状況」欄の下から 6 行目にある
2019 年度の「繰越金」と、2018 年度の「歳入歳出差引」を見比べてみる
とわかります（図表2・24）。2018 年度の歳入歳出差引が 2,434,770 千円となっ
ているのに対し、2019 年度の繰越金は 1,934,770 千円で 500,000 千円足り
ません。この差額が、歳計剰余金処分です。

図表 2・23　高山市の歳入歳出から実質収支、実質単年度収支

(千円)		2018年度 (平成30)	2019年度 (令和元)	前年度比
歳入総額	A	46,848,083	50,217,196	3,369,113
繰越金		1,422,486	1,934,770	512,284
（歳計剰余金処分）	B	(700,000)	(500,000)	(-200,000)
純繰越金		475,403	126,000	-349,403
繰越事業費等充当財源	C	947,083	1,808,770	861,687
繰越金以外の歳入	D	45,425,597	48,282,426	2,856,829
うち積立金取崩し額	E	2,100,000	2,600,000	500,000
うち翌年度に繰り越すべき財源	F	1,808,770	1,069,342	-739,428
（標準財政規模）	G	(27,552,986)	(27,420,588)	(-132,398)
歳出総額	H	44,413,313	48,081,484	3,668,171
うち積立金	I	88,165	101,863	13,698
うち繰上償還金	J	0	0	0
歳入歳出差引	K：A-H	2,434,770	2,135,712	-299,058
（歳計剰余金、形式収支）				
単年度歳入*	L：D-B+C-F	43,863,910	48,521,854	4,657,944
歳出総額（再掲）	H	44,413,313	48,081,484	3,668,171
単年度収支	L-H	-549,403	440,370	989,773
実質収支	M：K-F	626,000	1,066,370	440,370
実質収支比率（%）	M/G	2.3	3.9	1.6
実質単年度歳入*	N：L-E	41,763,910	45,921,854	4,157,944
実質歳出総額*	O：E-I-J	44,325,148	47,979,621	3,654,473
実質単年度収支	N-O	-2,561,238	-2,057,767	503,471
実質収支（再掲）	M	626,000	1,066,370	440,370
財政調整基金	P	25,697,093	23,698,956	-1,998,137
資金等*	R：M+P	26,323,093	24,765,326	-1,557,767
資金等比率（%）*	R/G	95.5	90.3	-5.2

（出典：総務省「地方財政状況調査」から筆者作成。＊は決算収支の仕組みを説明するため本書で設定した項目）

ストックを表す「実質収支」

　実質収支は歳入歳出差引から「翌年度に繰り越すべき財源」を控除したものと説明されます。

　「会計年度独立の原則」[6] の下、自治体の歳入歳出は年度単位で紐づいています。各年度の歳出は同じ年度の歳入を財源としなければなりません。当年度の予定で予算計上した事業が年度を跨いで延期になるなど当年度の歳出に計上できないときは、当該部分が翌年度に繰り越されるのとセットで、これに対応する歳入が翌年度に繰り越されます。

　図表でいえば、2018年度の「翌年度に繰り越すべき財源」（**図表2・23 - F**）は1,808,770千円で、同じ額が2019年度の繰越事業費充当財源に引き継が

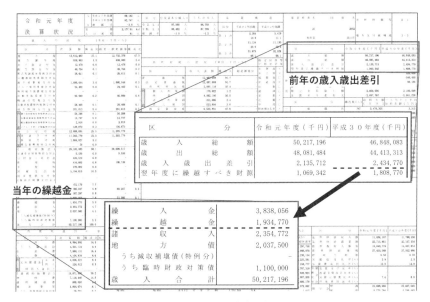

図表 2・24　高山市の歳入歳出から実質収支、実質単年度収支（出典：高山市の決算カードに筆者加筆）

れます。繰越金の内訳として繰越事業費充当財源が区別されています。た
とえばすでに入金した国の補助金や地方債などがあります。

　**実質収支は年度末の現金預金残高のうち、翌年度の歳出に充当すべき分
を引当てした後のもの**ということができます。

フローを表す「単年度収支」

　単年度収支は、当年度の実質収支から前年度の実質収支を差し引いたも
のと説明されます。本書では歳出と歳入の年度対応を踏まえ見越・繰延を
加えた収支（フロー概念）である点に着眼します。

　まず、歳入総額は繰越金と繰越金以外の歳入に区分できます。単年度歳
入は当年度の歳入を歳出年度に合わせて期間調整したものです。繰越金以
外の歳入（図表 2・23 - D）から歳計剰余金処分額（図表 2・23 - B）と繰越事業費等
充当財源（図表 2・23 - C、前年度の「翌年度に繰越すべき財源」）を戻入れ、翌年度に繰越

すべき財源 (**図表2・23 - F**) を控除しています。

　こうして求められた単年度歳入から、歳計剰余金処分による積立支出を反映した歳出総額を差し引いたのが単年度収支です。

◆ワンポイント：実質収支と単年度収支の関係

　前年度の実質収支に当年度の単年度収支を加えると当年度の実質収支になります。本質的にいえば実質収支は単年度収支の累計です。フローである単年度収支の赤字が続けば、ストックである実質収支が乏しくなり、いずれマイナスになります。累積赤字ともいえます。

　この場合、実務的には一時借入金など歳入歳出決算書に載らない短期借入金を導入するなどして急場をしのいでいます。

収支の大きさを示す「実質収支比率」

　実質収支は決算収支で最も重視されます。規模を表すのに民間企業では売上高がよく使われますが、地方自治体では「標準財政規模」が規模指標になります。**標準財政規模とは、建設補助金などを除く、その自治体の経常的な収入水準を示す指標**です。これを基準として**実質収支の大きさを示した指標が「実質収支比率」**です。

$$実質収支比率(\%) = \frac{実質収支}{標準財政規模} \times 100$$

　後述する国のモニタリング指標の1つで、**財政規模に応じた閾値（いきち）を超えてマイナスになると早期是正措置が発動**されます。一方で高ければよいというわけではなく、**3〜5%程度が適当**とされます。想定以上に低くなれば積立金を崩して収入を増やし、高くなれば基金に積み立てるなど調整します。2019年度は政令市を除く市の4割、町村の3割がこの範囲に収まっており、マイナスの自治体はありませんでした。高山市は3.9%で前年度

を 1.6 ポイント上回りました （図表 2·23 - M/G）。

本来の黒字・赤字を評価する「実質単年度収支」

　最後に実質単年度収支です。実質収支比率は 3 〜 5％に調整されるので財務状況の差が反映されません。実質収支の要素となる単年度収支も同じです。そこで**基金積み立てによる調整要素を除く必要が出てきます**。調整要素を除いた単年度収支が「実質単年度収支」です。

　単年度歳入からは財政調整基金の取崩し （図表 2·23 - E）を、歳出からは財政調整基金への積立金 （図表 2·23 - I）と地方債の繰上償還金 （図表 2·23 - J）を各々除きます。これらは黒字計上の結果として、黒字の処分として施されるものだからです。本来の黒字・赤字を評価するための単年度かつ実質的な収支が実質単年度収支です。

実質単年度収支と基金

　単年度収支の累計が実質収支でした。ならばフロー概念である実質単年度収支の累計、つまり実質単年度収支に対するストック概念は何でしょうか。

　これは、実質収支に財政調整基金を加えたものになります[8]。実質収支は翌年度の引当を控除した、使い道を縛られない歳計現金の年度末残高です。財政調整基金は財源に余裕がある年度に積み、災害その他の事由で逼迫したときに取り崩す資金繰り調整のための基金です。

　本書では実質収支と財政調整基金を合わせて 「資金等」 （図表 2·23 - R）と

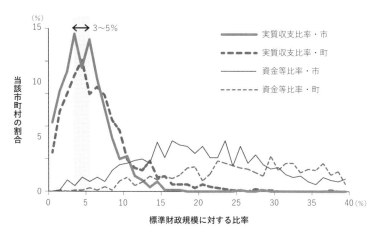

図表 2・25　実質収支比率、資金等比率の分布 (2019年度)（出典：総務省「地方財政状況調査」から筆者作成）

します。実質収支比率と同じく標準財政規模に対する比率で水準を測るものとし、指標を仮に「資金等比率」と呼ぶことにしましょう。

$$資金等比率（\%）= \frac{資金等（実質収支 + 財政調整基金）}{標準財政規模} \times 100$$

　図表 2・25 から分布を見ると、**3 〜 5% に集まる実質収支比率と違ってバラツキが大きい**ことがわかります。政令市を除く市の中央値は 21% で、約半分が 14 〜 27% の範囲に属します。町村の中央値は 36% で全体的に水準が高いです。

　資金等比率が高ければ財政は当面安全。ただし実質単年度収支の赤字が続くようであれば将来にわたって手元現金がショートするリスクがあるといえるでしょう。

　もっとも、決算収支でわかるのはこのくらいです。手元現金は十分か、それを単年度でみたときに減ったか増えたかはわかりますが。その要因を分析し改善策を考えるのには、決算収支とは別の切り口が必要です。

経常収支比率

　自治体の財務分析には歳入歳出を性質別に区分したものを用います。営利企業と自治体は目的がまったく異なるとはいえ、様々な比率分析指標の中で企業分析の利益率に最も近いものが経常収支比率です。ただし経常収入に対する利益ではなく経費の比率です。

　教科書的にいえば、**経常収支比率の分子は経常経費充当一般財源等、分母は経常一般財源等**となります。経常収支比率は経常一般財源等に対する経常経費充当一般財源等の比率です。慣れないうちは「売上高に対する、経常経費に充当する売上高の比率」のように聞こえ、戸惑うと思います。すでに説明した通り経常経費充当一般財源等は（特定財源で手当されない）経常経費ですから、**経常収支比率は経常収入に対する経常経費の比率**と言い換えられます。

$$経常収支比率(\%) = \frac{経常経費充当一般財源等}{経常一般財源等} \times 100$$

　経常収支比率の分母は経常一般財源等です。地方税など、使途が自由の一般財源のうち臨時収入ではないもの、図表2・6で説明した歳入4グループのうち経常・一般に属するものです。

　ただ、本来ならそう言い切りたいところですが、**正確には臨時収入が一部混じっています。臨時財政対策債です。**これと減収補填債特例分が経常収支比率の分母に加算されます。

　高山市の経常収支比率は84.6％でした。特定財源のない経常経費（経常経費充当一般財源計）が23,693,350千円。経常一般財源26,913,344千円に対する比率は88.0％で、「減収補填債（特例分）及び臨時財政対策債除く」の計数になります。経常一般財源に減収補填債（特例分）と臨時財政対策債1,100,000千円を加算した金額が28,013,344千円で、こちらを分母

に経常収支比率を計算したものが84.6%になります。

　収入に対する支出の比率である経常収支比率は低いほど良く、市町村なら75%を上回らないことが目安とされてきました。臨時財政対策債のなかった時代のものなので昨今の情勢に照らすとだいぶ厳しい水準です。

　図表2・26は**経常収支比率を中心に、企業分析に準じて決算カードを組み替えた分析表**です。まず、高山市の歳入歳出を経常一般、経常特定、臨時一般、臨時特定の4つに区分しています。この4区分の中でもっとも本質的なものが経常一般、すなわち、特定財源に紐づかない経常収入と経常経費の対応です。

　高山市は2019年度（令和元）の決算において、経常収入（一般財源）が

図表2・26　決算カードを組み替えた分析表

単位：千円、%	2018年度（平成30）		2019年度（令和元）		小都市平均
	金額	経常一般財源比	金額	経常一般財源比	経常一般財源比
経常一般財源等	27,992,505	100.0	28,013,344	100.0	100.0
（臨時債加算なし）	(26,692,505)	100.0	(26,913,344)	100.0	100.0
地方税等	15,352,868	54.8　57.5	15,505,274	55.3　57.6	
地方交付税	11,145,531	39.8　41.8	11,203,759	40.0　41.6	
臨時財政対策債	1,300,000	4.6	1,100,000	3.9	
経常経費	23,731,217	84.8　88.9	23,693,350	84.6　88.0	93.4　97.5
人件費	6,208,873	22.2　23.3	6,329,014	22.6　23.5	23.7　24.7
扶助費	2,591,636	9.3　9.7	2,517,976	9.0　9.4	10.7　11.1
公債費	4,339,298	15.5　16.3	4,083,971	14.6　15.2	17.1　17.8
物件費	4,577,051	16.4　17.1	4,699,179	16.8　17.5	15.1　15.8
維持補修費	831,636	3.0　3.1	810,721	2.9　3.0	1.3　1.4
補助費等	1,447,401	5.2　5.4	1,370,237	4.9　5.1	12.3　12.8
繰出金	3,735,322	13.3　14.0	3,179,523	11.4　11.8	13.1　13.7
経常収支	4,261,288	15.2	4,319,994	15.4	6.6
（臨時債加算なし）	(2,961,288)	11.1	(3,219,994)	12.0	2.5
臨時/特定財源	18,855,578		22,203,852		
一般財源等	6,007,929		6,024,361		
国・県支出金	7,710,305		5,952,987		
地方債	321,400		937,500		
投資的経費等	20,682,096		24,388,134		
投資的経費	5,251,187		7,958,472		
積立金	3,054,025		3,179,523		
扶助費（経常外）	7,726,073		5,362,155		
歳入歳出差引	2,434,770		2,135,712		
（参考）資金等	26,323,093	94.0　98.6	24,765,326	88.4　92.0	

（出典：総務省「地方財政状況調査」から筆者作成。臨時特定財源は歳入合計から経常一般財源等、投資的経費等は歳出合計から経常経費充当一般財源計を差引して求める）

269 億円、経常経費が 236 億円で経常収支は 32 億円となりました。一般財源の余剰ができました。これが投資的経費をはじめとする臨時経費のうち特定財源で賄えなかった分に充当されます。ちなみに、特定財源は経常的なもの、臨時的なものの両方で収支が一致しています。また、前年度からの繰越金は臨時収入に含まれています。経常収支の計算には含まれていない点に注目してください。

経常収支比率が低ければ、臨時支出に回せる資金が多くなります。臨時支出には投資的経費など施設整備にかかる経費があり、こうした政策的な事業に資金を回せるので経常収支にできるだけ余裕を持たせておいたほうがよいという考え方が根底にはあります。

ただ、高度成長期はともかくとして今は公共施設の整備も一巡しました。建設事業よりも子育て支援や高齢者対策など福祉政策にウェイトが移ってきています。福祉事業の大部分は経常経費に属しており、長期的な傾向として経常経費の水準を押し上げています。

余裕があるに越したことはありませんが、少なくとも経常収支比率は 100% を超えないようにしたいものです。とくに臨時財政対策債の加算なしで 100% を超えると正味の経常収支が赤字ということになります。そのうえで、他の市町村に比べて高いのか低いのか、以前に比べて高くなったのか低くなったのか。悪化した場合はその要因を探します。

財務分析は健康診断と同じです。検査値があったとして、それが良いのか悪いのか、改善したのか悪化したのか、そしてその原因は何かを明らかにすることです。経常収支比率は収入に対する支出の比率なので、支出内訳のうち他団体または以前に比べ高いものを探し出し、その背景を探って要因を特定し、改善策を考えます。

経費別の経常収支比率は何パーセントが適正か

全国平均を調べてみましょう。2019 年度決算の経常収支比率の平均値は

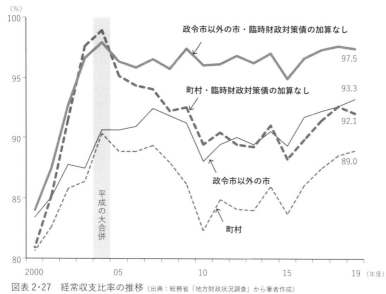

図表 2・27　経常収支比率の推移（出典：総務省「地方財政状況調査」から筆者作成）

政令指定都市を除く市で 93.3％ でした。町村は 89.0％ です。昔の教科書には 70％ から 80％ の間が目安と書いていますが、それは地方自治体の仕事が福祉と建設事業のどちらかといえば建設事業が主だった時代の話。福祉事業のウェイトが高まった現代は正常範囲がもう少し上にあります。

　経常収支比率を読む上で留意しなければならないのは、**臨時財政対策債の制度が導入されて以降、経常収支比率の分母の経常的収入に臨時財政対策債の新規借入額が加えられている**ことです。民間企業の経営成績を示す損益計算書の売上ないし経常収益に、借入による収入を加えるような計算式になっています。これは、臨時財政対策債が赤字地方債ひいては借入金でなく、地方交付税の代替財源であるという考え方に拠っているからと思われます。

　臨時財政対策債を経常的収入に加算すると経常収支比率は下がります。つまり「改善」することになります。ここで 20 年前の算式、臨時財政対策債を加算しないで経常収支比率を再計算すると、政令指定都市を除く市で 97.5％、町村で 92.1％ に悪化します（**図表 2・27**）。

臨財債による「かさ上げ」をやめて経常収支比率をみる

　次に経常収支比率の地方自治体ごとのバラツキを見てみましょう（**図表2-28**）。2019年度決算において、市区町村の経常収支比率は90％未満のものが679団体ありました。財務状況が良好で政策的な支出に関して自由度が高いと思われる団体です。逆に100％を越え、いわば経常的収支が赤字の団体は53団体ありました。

　これを臨時財政対策債のかさ上げを無くして再計算すると別の姿が見えます。90％未満の団体は370と再計算前の結果に比べ半分強まで減ってしまいます。また、100％以上の団体は368団体と約7倍に増えました。**臨時財政対策債が借入金かそうでないかの解釈の違いによって、財政悪化の見立てが変わってきます。**

　臨時財政対策債が地方交付税の代替財源で、将来、地方交付税の大幅な増額が実現しキャッシュとして補填されるのであれば心配ありません。ただ、これまで残高が目に見えて前年を下回ったことがないこと、いずれ借入金に変わりないことを考えれば、少なくとも**財政の実態について希望的観測を含めず分析するならば、臨時財政対策債を経常的収入に加算しないに越したことはない**と思われます。

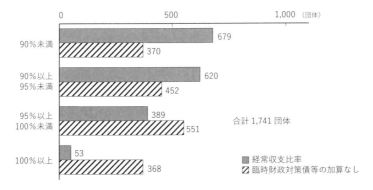

図表2・28　市区町村の経常収支比率の分布 (2019年度) (出典：総務省「地方財政状況調査」から筆者作成)

⑥ 積立金に関する分析指標の読み方

積立金現在高は現金預金とは限らない

　まず決算カード下段右端にある「積立金現在高」の欄をみます (**図表2·29**)。決算収支を説明したとき、実質収支と財政調整基金の残高水準を標準財政規模と比べて評価する方法を述べました（資金等比率、図表2·25参照）。

　積立金には他に「減債基金」と「特定目的基金」があります。地方自治体は満期一括償還条件で地方債を発行したとき、分割償還しない代わりに毎期一定額を基金に積み立てます。この基金を減債基金といいます。特定目的基金は、庁舎やその他の公共施設の建替えのための積立金などあらかじめ目的が決まっている基金です。

図表2·29　指標と残高（左側★は本項および次項の解説対象）

区　　　　　　　　　分	令和元年度（千円）	平成３０年度（千円）
基　準　財　政　収　入　額	11,836,187	11,788,530
基　準　財　政　需　要　額	22,715,851	22,157,316
標　準　税　収　入　額　等	15,043,779	15,027,812
標　準　財　政　規　模	27,420,588	27,552,986
財　　政　　力　　指　　数	0.53	0.53
実　質　収　支　比　率（％）	3.9	2.3
★公　債　費　負　担　比　率（％）	12.0	12.8
判健　実　質　赤　字　比　率（％）	−	−
断全　連結実質赤字比率（％）	−	−
比化　★実　質　公　債　費　比　率（％）	7.6	8.8
率　★将　来　負　担　比　率（％）	−	−
★積　立　金　財　　　　　調	23,698,956	25,697,093
★現　在　高　減　　　　　債	5,770,764	5,746,493
★　　　　　　　　特　定　目　的	22,105,063	20,211,444
★地　　方　　債　　現　　在　　高	22,350,803	24,319,624

（出典：高山市の決算カードに筆者加筆）

　積立金は、「基金」とはいうものの現金預金とは限りません。

　図表2・30は地方財政状況調査表 第29表「基金の状況」から作成しました。これをみるとわかるように、地方自治体は基金を有価証券などで運用しています。全国の市区町村の合算ベースで基金の10％強が有価証券で運用されています。高山市の場合、財政調整基金、減債基金、その他特定目的基金ともに約28％を有価証券で運用しています。

図表2・30　基金と運用形態

(億円)	現金・預金	信託	有価証券	出資金	土地	その他	基金計
財政調整基金	46,778	50	6,320	-	-	431	53,578
減債基金	11,413	6	1,653	-	-	86	13,157
その他特定目的基金	66,238	60	11,457	4	168	1,106	79,032
市区町村計	**124,428**	**116**	**19,429**	**4**	**168**	**1,623**	**145,768**
－高山市－							
財政調整基金	170	-	67	-	-	-	237
減債基金	41	-	16	-	-	-	58
その他特定目的基金	158	-	63	-	-	-	221
高山市計	**369**	**-**	**146**	**-**	**-**	**-**	**516**

(出典：総務省「地方財政状況調査」から筆者加筆)

　地方財政状況調査の説明書が「検収調書」です。自治体の財政担当が国や都道府県に決算状況を説明するため作成、提出するものです。これには性質別費目の前年度と比べた増減理由、地方税収のうち大口法人の状況、基金の増減理由等、自治体の実態把握に有用な付随情報が網羅されています。

　下は「4　基金に関する調」のうち「基金の管理状況に関する調」を抜粋したものです。基金の管理状況中の『「6　その他」のうち普通会計への貸付額』『「6　その他」のうち普通会計以外への貸付額』に注目してください。普通会計や地方公営企業、その他関連先の資金不足に基金を「貸付」の形式で流用している場合、貸付先の状況によっては基金でありながら基金の換金可能性さえ疑われます。

　他にも自治体決算のいわば「粉飾」を見抜くのに必要十分な情報が満載です。余力があれば請求してみてください[7]。

図表2・31　検収調書「基金 の管理状況に関する調」抜粋

（単位：千円）

| | 令和元年度末現在高に係る管理状況中 | | |
	「1 現金・預金」及び「2 信託」の合計（29 表 6 行）	「6 その他」のうち普通会計への貸付額	「6 その他」のうち普通会計以外への貸付額
財 政 調 整 基 金			
減 債 基 金		換金可能性に注意	
その他特定目的基金			
合 計			

（出典：総務省「地方財政状況調査」に筆者加筆）

⑦ 地方債に関する分析指標の読み方

　借入金に関する分析指標が決算カードには 3 つあります。収入に比べた返済負担を示す「公債費負担比率」と「実質公債費比率」。そして身の丈と比べた借入金の大きさを示す「将来負担比率」です。

指標①　収入と返済のバランスをみる「公債費負担比率」

　公債費負担比率は、返済負担を収入で割って求める分析指標です。返済負担は地方債の元利償還金、つまり公債費です。ただし特定財源が充当されるものは除きます。収入は歳入一般財源等を使います。どちらも決算カード「性質別歳出の状況」に記載されています。

　図表 2・9 で高山市の例をみると、歳入一般財源等が 340 億 3,770 万円、公債費（一般財源充当分）が 40 億 8,397 万円でした。公債費を一般財源等で割ると公債費負担比率の 12.0％になります。なお、2019 年度（令和元）の市町村における公債費負担比率の平均（加重平均）は 13.6％でした。

$$公債費負担比率(\%) = \frac{公債費 - 特定財源}{歳入一般財源等} \times 100$$

指標② 収入と返済のバランスをみる「実質公債費比率」

　実質公債費比率も収入と返済のバランスを表す分析指標です。この指標で収入とは、公債費負担比率で使った一般財源等ではなく標準財政規模です。返済は地方債にかかる元利償還金だけではなく、実質的に元利返済とみなされる支出を加えます。大まかに次のように覚えましょう。

$$実質公債費比率_{(\%)} = \frac{元利償還金等 \quad -\beta}{標準財政規模 \quad -\alpha} \times 100$$

◆ワンポイント：住宅ローンで考える公債費

　公債費負担比率と実質公債費比率の算式は、住宅ローンの審査要件の1つ、返済比率と同じです。公債費負担比率が月収に対する住宅ローン元利返済額の比率とすれば、実質公債費比率は住宅ローンに自動車リース、クレジット分割払いを足したものの比率に例えられます。住宅ローンの場合、元利返済額は月収の25％程度がおよその上限です。これ以上増えると資金繰りが厳しくなります。

　正式な算式は図表2・32の通りです。また図表2・33は総務省ウェブサイ

実質公債費比率 （3か年平均）	＝	（地方債の元利償還金 ＋ 準元利償還金） ー （特定財源＋ 元利償還金・準元利償還金に係る基準財政需要額算入額） ────────────────────────────────── 標準財政規模 ー（元利償還金・準元利償還金に係る基準財政需要額算入額）

・準元利償還金：イからホまでの合計額
- イ　満期一括償還地方債について、償還期間を30年とする元金均等年賦償還とした場合における1年当たりの元金償還金相当額
- ロ　一般会計等から一般会計等以外の特別会計への繰出金のうち、公営企業債の償還の財源に充てたと認められるもの
- ハ　組合・地方開発事業団（組合等）への負担金・補助金のうち、組合等が起こした地方債の償還の財源に充てたと認められるもの
- ニ　債務負担行為に基づく支出のうち公債費に準ずるもの
- ホ　一時借入金の利子

　図表2・32　実質公債費比率（出典：総務省ウェブサイト）

総括表③　実質公債費比率の状況（令和元年度決算）

団体名　高山市

（単位：千円）

元利償還金・準元利償還金（分子）／控除項目

	① 元利償還金の額	③ 満期一括償還地方債の償還額に充てることができる基金の積立額	④ 公営企業に要する経費の財源とする地方債の償還の財源に充てたと認められる繰入金	⑤ 公債費に準ずる債務負担行為に係るもの	⑥ 一部事務組合等の起こした地方債の償還の財源に充てたと認められる補助金又は負担金	⑦ 一時借入金の利子	⑧ 特定財源の額	⑨ 事業費補正により基準財政需要額に算入された公債費	⑩ 制度改正により基準財政需要額に算入された元利償還金	⑪ 地方債の元利償還金・準元利償還金の額
平成29年度	4,627,701	1,543,247		9,272	882,829		327,239	1,435,728	2,629,487	56,864
平成30年度	4,420,336	1,387,071		9,272	97,980		455,987	1,320,779	2,609,863	57,090
令和元年度	4,148,864	1,499,370		9,272	78,017		555,110	1,204,779	2,553,564	56,988

実質公債費比率（3カ年平均）　7.6

標準財政規模（分母）

	⑫ 標準税収入額等	⑬ 普通交付税額	⑭ 臨時財政対策債発行可能額
平成29年度	14,945,166	11,766,397	1,436,939
平成30年度	15,027,812	11,145,531	1,379,643
令和元年度	15,043,779	11,203,779	1,173,030

実質公債費比率（単年度）

平成29年度	10.9
平成30年度	6.2
令和元年度	5.8

⑧の内訳

平成29年度		11,685	760,177
平成30年度			37,611
令和元年度			35,543

（参考）

平成29年度	110,967
平成30年度	60,369
令和元年度	42,474

（出典：総務省公開の算定様式に筆者加筆）

トで公開されている実質公債費比率の算定様式です。実際の計算過程がよくわかります。当年度、前年度、前々年度の実質公債費比率を計算し3年平均したものをもって分析指標とされています。

算定様式をたどりながら図表2·32の注釈を読み解きます。

（イ）

まず、実質的な元利返済とみなされる支出のことを「準元利償還金」といいます。たとえば満期一括償還の地方債は満期まで元利返済が生じません。これでは返済負担の実態がつかめないため、分割償還を仮定して1年当たりの返済額を試算します。これが算式のイです。

（ロ）（ハ）

また、歳出のうち地方公営企業等に対する補助金や繰出金ですが、この使い道が受け取った側の借入返済に使われていることがあります。こうしたケースも実態は自治体の元利返済とみなし、準元利償還金に加算します。これが算式のロ、ハの意味です。

（ニ）

次は準元利償還金の加算項目のニにある「債務負担行為に基づく支出」です。たとえばリースやPFI事業など中長期にわたる支出を伴う契約を締結したとします。この契約について予算で定めたものを債務負担行為といいます。PFI事業とは公共施設等の整備にあたって、建設、維持管理から運営までまとめて発注する方法です。運営期間にわたって自治体は受託企業にサービス購入料を支払います。このような、自治体の借入金ではなくとも、実質的には自治体が借入れをして元利返済をしているとみなせる延べ払いは実質公債費比率の準元利償還金に計上します。

いわば帳簿上の返済額である「公債費」に実質的な返済額を加算したものが「実質公債費」ですが、分析指標の返済額はここから公債費にかかる特定財源と「元利償還金・準元利償還金に係る基準財政需要額算入額」を控除します。簡単にいえば、地方交付税の計算にあたって地方交付税の加

算要因として算入した公債費のことですが、難しいのでここでは控除項目があるとだけ頭に置いておいてもらえればと思います。

（ホ）

最後に一時借入金の利子です。歳出内訳の1つの公債費は地方債の元金償還金と利払いが含まれています。他方、一時借入金は歳入に含まれずその返済も歳出に計上されないため、利払い分を隠れ債務として加算します。

> ### ◆ワンポイント：健全化判断比率
>
> 　健全化判断比率は、実質赤字比率、連結実質赤字比率、実質公債費比率と、次に説明する将来負担比率の4つあります。
>
> 　2019年度（令和元）決算において、実質赤字比率及び連結実質赤字比率に抵触した自治体はありません。唯一、北海道夕張市が実質公債費比率の財政再生基準、将来負担比率で財政健全化基準に抵触しました。
>
> 　実質公債費比率は「健全化判断比率」の1つです。それぞれ閾値（いきち）が設定された健全化判断比率に抵触すると、自治体は自主的な改善努力を促されます。
>
> 　まず黄信号である早期健全化基準以上の場合、自治体は「財政健全化計画」の策定が義務付けられます。さらに悪化し財政再生基準以上になった場合には、「財政再生計画」の策定が義務付けられます。実質公債費比率の場合、早期健全化基準は25％、財政再生基準は35％です。住宅ローンの返済比率とだいたいの目安は同じです。将来負担比率の早期健全化基準は政令市除く市町村で350％、政令市及び都道府県が400％で、財政再生基準はありません。

指標③ 身の丈に比べた借入れの大きさをみる「将来負担比率」

　借入金の大きさを示す指標が将来負担比率です。年収に対する借入残高の大きさを示す指標で、こちらは住宅ローンでいえば年収倍率にあたります。簡単に書くと算式は次の通りです。標準財政規模に対する将来負担額の割合ですが、分母と分子それぞれ控除額があります。

$$将来負担比率(\%) = \frac{将来負担額 \quad -\beta}{標準財政規模 \quad -\alpha} \times 100$$

　正確な算式は図表2・34、算定様式は図表2・35のようになっています。こちらで説明しましょう。

地方債現在高

　スタートは左上の地方債現在高です。一般会計"等"の地方債現在高、すなわち一般会計と公営事業会計の地方債現在高です。普通会計と考え方は同じですが、満期一括償還の地方債の抽出基準が異なることなどから決算統計の計上値とは若干のズレが生じるケースがあります。

　高山市の場合、決算統計の地方債現在高より若干大きいですが、これは決算統計を作成するうえで公営企業会計に属する地方債現在高を一般会計から振替えているからです。

加算項目

　これに、「債務負担行為に基づく支出予定額」以下、借入金でないものの

将来負担比率　＝	将来負担額 － （充当可能基金額 ＋ 特定財源見込額 ＋ 地方債現在高等に係る基準財政需要額算入見込額）
	標準財政規模 － （元利償還金・準元利償還金に係る基準財政需要額算入額）

・将来負担額　：イからヌまでの合計額
　イ　一般会計等の当該年度の前年度末における地方債現在高
　ロ　債務負担行為に基づく支出予定額（地方財政法第5条各号の経費に係るもの）
　ハ　一般会計等以外の会計の地方債の元金償還に充てる一般会計等からの繰入見込額
　ニ　当該団体が加入する組合等の地方債の元金償還に充てる当該団体からの負担等見込額
　ホ　退職手当支給予定額（全職員に対する期末要支給額）のうち、一般会計等の負担見込額
　ヘ　地方公共団体が設立した一定の法人（設立法人）の負債の額のうち、当該設立法人の財務・経営状況を勘案した一般会計等の負担見込額
　ト　当該団体が受益権を有する信託の負債の額のうち、当該信託に係る信託財産の状況を勘案した一般会計等の負担見込額
　チ　設立法人以外の者のために負担している債務の額及び当該年度の前年度に当該年度の前年度内に償還すべきものとして当該団体の一般会計等から設立法人以外の者に対して貸付けを行った貸付金の額のうち、当該設立法人以外の者の財務・経営状況を勘案した一般会計等の負担見込額
　リ　連結実質赤字額
　ヌ　組合等の連結実質赤字額相当額のうち一般会計等の負担見込額
・充当可能基金額　：イからチまでの償還額等に充てることができる地方自治法第241条の基金

図表2・34　将来負担比率（出典：総務省ウェブサイト）

図表 2・35 将来負担比率の算定様式

団体名　高山市

総括表④　将来負担比率の状況(令和元年度決算)　　Ver.01.00

団体名　高山市

加算項目

（単位：千円）

地方債等　将来負担額

地方債の現在高	債務負担行為に基づく支出予定額	公営企業債等繰入見込額	組合負担等見込額	退職手当負担見込額	設立法人の負担額等負担見込額	地方道路公社	土地開発公社	地方独立行政法人	第三セクター等(損失補償,債務,保証)	連結実質赤字額	組合連結実質赤字額負担見込額
22,449,777	305,046	13,425,315	27,484	7,569,681	0	0	0	0	0	0	0
95	1	57	0	32							

控除項目

（単位：千円）

充当可能財源等

充当可能基金	充当可能特定歳入		基準財政需要額算入見込額
		うち都市計画税	
51,686,558	6,944,987	6,858,670	36,546,321
219	29	29	155

将来負担額　A	充当可能財源等　B	A － B
43,777,303	95,177,866	－51,400,563
186	403	

標準財政規模　C	算入公債費等の額　D	C － D
27,420,588	3,815,331	23,605,257
116	16	

標準財政規模

将来負担比率(％)

－
－217.7

－217.8 ＝ 100.0 ＝

（出典：総務省公開の算定様式に筆者加筆）

返済と同じように将来にわたって支払う点で借入と同様である残高を加算していきます。債務負担行為に基づく支出予定額の典型的なものはリース残高、PFI 契約額などです。また、地方公営企業、自治体が加盟する一部事務組合、自治体が出資する地方公社や第三セクターについて、自治体が各事業体の負債の返済のために繰出金や補助費等を支出しているケースでは、その対象となる負債残高を加算します。負債でなくとも、いずれ返済を補填しなければならなくなる可能性が高いものは加算項目に含めます。地方公営企業や一部事務組合の累積赤字、自治体が債務保証をしている土地開発公社の借入金なども同様です。

　参考まで、高山市の公営企業会計等に関する加算は国民健康保険事業、水道事業、下水道事業および農業集落排水事業の企業債 253 億 7,500 万円のうち、高山市本体の繰出金で賄うと見込まれた 135 億 2,500 万円です。一部事務組合に関する加算は、古川国府給食センター利用組合の企業債 7,900 万円のうち 2,700 万円です。古川国府給食センターは高山市と飛騨市の共同出資で整備され、両市内の小中学校等に給食を提供しています。

　他に、高山市土地開発公社、飛騨高山テレ・エフエムなど高山市が出資した第三セクター等は 18 社ありますが、将来高山市が支出を迫られる兆候はなく、将来負担額の加算項目には計上されていません。

控除項目

　ローンの年収倍率を評価するにあたって、いざというときに借入返済に充てられる預金は実質的な借入の大きさから控除しなければ見立てを誤ります。同じように、将来負担比率を評価するにあたって加算済みの将来負担額から「充当可能基金額」を控除します。

　さらに、地方債の返済に充てるための特定財源の累計見込み額も控除します。これには返済見合いの国庫補助金、他団体から徴求する負担金、公営住宅の賃貸料などがあります。都市計画税が該当するケースが多いため表に内訳が立てられています。

最後の控除項目が、地方債現在高のうち返済が基準財政需要額に算入されるものです。地方債現在高の種類によっては返済を地方交付税の算定にあたっての加算要素である基準財政需要額に組み込むことができます。該当の地方債現在高は将来負担額の計上から外れます。

将来負担額が元の地方債現在高を下回るのはなぜか

　図表2・36は地方債現在高を100とした市町村の将来負担額の構成比を示しています。

　10年前の2009年度において、地方債現在高の100に対し、公営企業や一部事務組合の負債の負担見込み額を加えた将来負担は153。退職手当基金の積立不足を自治体の負債とみなして加算すると175と、いわゆる帳簿上の借入残高に対し75%増えました。ここから充当可能基金、特定歳入を控除すると135になります。

　ここからさらに控除します。交付税措置されている地方債が74、全額交

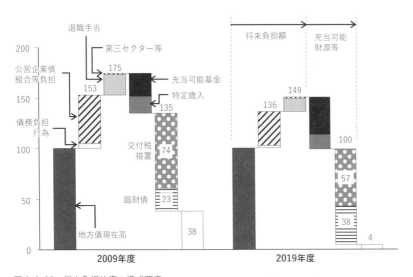

図表2・36　将来負担比率の構成要素 (出典：総務省「地方財政状況調査」から筆者作成)

付税措置されている臨時財政対策債が 23 あり、これらを減算すると将来負担額は 38 となりました。帳簿上の借入残高に隠れ債務を加算して増えるどころか、逆に下回る結果となりました。同じように 2019 年度で計算すると将来負担額はさらに下回って 4 となります。帳簿外の隠れ債務が減少し、控除対象の基金と臨時財政対策債が増えました。

臨財債を足し戻した将来負担比率の分布

政令指定都市を除く 1,721 市区町村の将来負担比率の分布をみてみましょう（**図表 2·37**）。2009 年度に最も多かったのは 50% 以上 150% 未満の層の 928 団体で、全体の半分以上がこの階層に属します。

2019 年度で最も多いのは将来負担の計上なしです。この 10 年で将来負担比率は改善しました。高山市もこの部類に属します。地方債現在高は 224 億 4,977 万円、これに公営企業等に関する将来負担を加えると 437 億 7,730 万円で 2 倍近くに膨らみますが、それ以上に充当可能基金が 516 億 8,655 万円あるので将来負担の計上なし、実質無借金です。

他方、将来負担比率にカウントされない臨時財政対策債を仮に控除項目

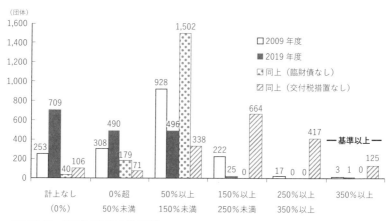

図表 2·37　将来負担比率の構成要素 （出典：総務省「地方財政状況調査」から筆者作成）

から外してみると事情は異なります。全体の9割弱の1,502団体が50%以上150%未満の層に集まっています。交付税措置の有無にかかわらず地方債はすべて将来負担比率にカウントするものと仮定すると分布は比較的ばらつきます。50%以上150%未満が338団体、150%以上250%未満が664団体、250%以上350%未満が417団体で、早期健全化基準の350%以上となるケースも125団体あります。

◆**ワンポイント：経常収支比率を切り口とした財政悪化の経路**

　ここまで、借入金の大きさについて将来負担比率で考察してきました。身の丈を上回る借入金残高は収入と返済のバランスを崩します。収入と返済のバランス指標として実質公債費比率を説明しました。将来負担比率、実質公債費比率ともにリース債務や公営事業、一部事務組合の実質債務を反映した指標である点が特徴です。将来負担比率は第三セクターにかかる将来負担を見積もり自治体本体の地方債現在高に加算します。

　収入と返済のバランスの崩れは経常収支比率の悪化と意味は同じです。経常収支比率の分子である経常経費のうち、元利償還金を意味する公債費が占める割合が高いからです。借入金が嵩むと経常収支比率が押し上げられます。

　そして、経常収支比率の長期低迷は資金繰りショートを招き、財政調整基金をはじめとする積立　金の取り崩しで当座を凌ぐようになります。積立金の水準は過去数年度にわたる財政運営の結果を反映しています。積立金が枯渇し支払不能が生じることが自治体の「倒産」と考えると、積立金の枯渇と経常収支比率の悪化が重なった状態が最も危険です。経常収支比率が悪くとも積立金があればまだ大丈夫そうです。

　こう考えると、財政悪化は借入過多が兆候となり、経常収支の悪化が数年続き積立金の枯渇に至るといった経緯が見いだせます。もちろん積立金が1年で枯渇してしまうレベルの収支悪化や、借入金が嵩んでも他の経費がとりわけ少なく収入と返済のバランスが崩れないケースも考えられ、こうした前後関係が必ずあるとはいえませんが、特別な事情がない場合にたどる一般的な悪化経緯として理解しておくとよいと思います。

3

決算カードによる分析の課題

① 決算カードの対象は普通会計

　本章では、主に決算カードを通じた自治体財政の分析について説明してきました。まるで事業部別に違う会社であるように自治体の業務は多岐にわたります。国民健康保険、上水道や公立病院など公営事業部門を持ち、一部事務組合や第三セクター等など民間企業でいえば「子会社」が本体にぶら下がっています。

　決算カードの対象は公営事業以下を含まない普通会計です。よって、決算カードの分析は連結に対する単体の分析となります。にもかかわらず、その**分析にあたっては公営企業、一部事務組合、第三セクター等を含めた連結決算を意識する**ことが重要です。具体的には、単体企業に例えられる普通会計との資金のやりとりに注目し、普通会計に対する影響を推し量ることです。

② 多様な概念・指標の存在

　もっとも、決算カードを使った分析方法には課題が残ります。財務分析には収支と残高の２つの切り口がありますが、歳入歳出差引、実質単年度収支などいわゆる決算収支と、経常収支比率の対象である経常収支という

具合に収支の概念がいくつもあります。

　財政規模を示す尺度も複数あります。将来負担比率の分母は標準財政規模、経常収支比率の分母は経常一般財源等です。標準財政規模と経常一般財源等の差は結果的にほとんどありませんが、それでも別の指標です。決算カード上には経常と臨時を区別しない歳入一般財源等も存在します。収入と返済のバランス指標のうち公債費負担比率で収入は歳入一般財源等を使います。また、自治体が扶助費として支出する生活保護費の原資となる国庫支出金、都道府県支出金は毎年度経常的に入るものですが、特定財源なので経常収支比率の経常一般財源等には含められません。

　借入金を示す指標もいろいろあります。少なくとも本章で説明した公債費負担比率、実質公債費比率、将来負担比率の３つあります。公債費負担比率、実質公債費比率は分母と分子それぞれ別の数字を採用していますが、収入に対する支出の算式なので経常収支比率と重なります。

　分析のしやすさにも課題があります。経常収支比率の要因分解をするにあたって、細かいところではありますが、経常一般財源等の内訳の１つの地方税と「市町村民税の状況」の合計が一致しません。経常経費の内訳のうち繰出金は、「目的別歳出の状況」の下にある「公営事業等への繰出」の残高と一致しません。上水道など公営企業が混在しており、公営企業に対する性質別歳出は繰出金ではなく補助費等の科目で支出されるからです。要するに、決算額、一般財源等ベース、経常一般財源等ベースの収支が決算カードに混在しているため、経常収支比率を起点に分析しようにも経常一般財源等、経常経費から先にブレイクダウンできません。

③ 臨時財政対策債の課題

　臨時財政対策債の課題もあります。企業分析に慣れている読者の方々には違和感を持たれると思いますが、経常収支比率の計算にあたって臨時財

政対策債にかかる借入収入が経常一般財源等に加算されます。標準財政規模の構成要素にもなります。企業の損益計算書に例えれば売上高に借入収入を加算するようなものです。また、将来負担比率の項で説明したように、将来負担額の計算にあたって臨時財政対策債は計上外になります。

　言うまでもなく、臨時財政対策債は借入であって借入でない、地方交付税の代替という見解が背後にあるからですが、それでも違和感は残ります。「臨時」という名前であるにもかかわらず毎年度継続され、かつ減少に転じたことがなかった点を考えても、やはり臨時財政対策債は経常収入ではなく借入とし、潜在的とはいえリスクを伴うものと捉えるのが妥当と思われます。

第 3 章

損益計算書による
財政診断

" 貸し手 " 目線で状況を把握する

① 財政の持続可能性を診断する「行政キャッシュフロー計算書」

企業分析と同じ手法で財政分析するメリット

前章では決算カードによる財政分析を説明しました。

決算カード分析の中心は経常収支比率です。経常収支比率が高いか低いか、高いなら経常経費のうち何が比率を押し上げているかという具合にブレイクダウンしていきます。とはいえ、章末で述べた通り課題も残ります。収支の分析も残高の分析も類似した指標が複数あり、それぞれの位置づけが不明確です。財政規模を示す尺度でさえ歳入総額、標準財政規模、歳入一般財源等、経常一般財源等から地方税まであります。借入であるにもかかわらず経常収入に加算される臨時財政対策債の課題もあります。

こうした課題を踏まえ、本書では、企業分析で一般的な「損益計算書」による財政分析を紹介します。**企業分析と同じ財務諸表、同じ手法で分析するため、自治体財政にしか通用しない新たな知識は必要ありません。**同じ財務諸表、同じ手法で分析するといっても、建設業、百貨店、ホテル業など業種によって分析のポイントは異なります。逆にいえば地方自治体の財政を分析するにあたっても業種以上の違いはありません。企業の財務分析と同じような感覚で診断することができます。

また、残高の分析すなわちストック指標と、収支の分析すなわちフロー

指標が互いに関連しています。臨時財政対策債の影響はありません。

行政キャッシュフロー計算書と損益計算書

　自治体の損益計算書分析の基になる財務書類が「行政キャッシュフロー計算書」です。

　そもそもキャッシュフロー計算書は、現金預金の当年度における増減を、営業活動、投資活動、財務活動の3つの場面に分類した表です。元々地方自治体の歳入歳出決算書は単年度における現金収支を表しています。行政活動、投資活動、財務活動の区別はないものの「キャッシュフロー」の計算書には違いありません。歳入歳出決算書を企業分析でいうキャッシュフロー計算書の形式に整理したものが行政キャッシュフロー計算書です。

行政活動の部

　キャッシュフロー計算書でいう**営業活動は、自治体でいえば日々の行政サービス**にあたります。行政サービスを提供する職員の人件費、物件費、住民に提供するサービスそのものの1つの扶助費、補助金が行政活動に伴う支出、こうした行政活動の財源となる地方税や地方交付税が行政活動に

図表 3·1　行政キャッシュフロー計算書

行政活動の部（修正損益計算書）日々の行政サービスに伴う収支	**行政収入**	地方税・地方交付税 国・県支出金
	行政支出	人件費・物件費 扶助費・繰出金・補助費等
	行政収支	行政収入－行政支出
投資活動の部建設事業に伴う支出と投融資の増減	**投資収入**	建設補助金等
	投資支出	普通建設事業費 投資・出資・貸付金
	投資収支	投資収入－投資支出
財務活動の部借入の増減	**財務収入**	地方債
	財務支出	元金償還額
	財務収支	財務収入－財務支出
現金預金の増減	**収支合計**	行政収支＋投資収支＋財務収支

（筆者作成）

伴う収入となります。

収入と支出の差額、別の視点でみれば年間の現金預金の増減のうち営業活動に関係するものを営業収支といいます。行政の場合、営利目的の活動ではないので**行政収支**という言葉を充てます。本章のテーマは「損益計算書による財政診断」ですが、ここでいう損益計算書とは行政キャッシュフロー計算書の行政活動の部を抽出したものです。これを**現金ベースの損益計算書**として使います。本書では「**修正損益計算書**」と呼ぶこととします。

自治体財政の場合、行政収支は**フリーキャッシュフロー**の性格を帯びています。フリーキャッシュフローを直訳すれば自由に使えるキャッシュとなり、企業会計でいえば事業拡大、借入返済、対外投資、配当還元などの財源となります。これまでの事業活動を継続するのに必要な設備投資額を営業収支から控除した余剰をいいますが、自治体財政の場合は、公用財産よりも公共用財産に対する投資が大部分で、公共事業と呼ばれることからもわかるように多分に政策的な投資です。そうした観点から、行政収支をフリーキャッシュフローに位置付けて話を進めます。次章で詳しく説明しますが、行政収支と建設事業（公共事業）のバランスに着眼することが財務分析のポイントです。

投資活動の部

投資活動は建設事業、投資、出資、貸付や基金積み立てが属します。決算カードでいうところの投資的経費にあたります。建設補助金など投資活動に紐づいた入金は投資収入になります。投資活動に関連する収支を**投資収支**といいます。投資収支には2つの意味があります。1つは国や県からもらう補助金等を除いた**純額ベース建設事業費**です。もう1つは**投資及び出資金、貸付金の前期比増減、特定目的基金はじめ基金等の残高の前期比増減**です。

財務活動の部

財務活動は借入と返済です。この活動に関する収支は**財務収支**といいま

す。行政キャッシュフロー計算書の場合、**地方債現在高の前期比増減額**を意味します。行政収支と投資収支のマイナスは財務収支で埋め合わされます。最後に、行政収支、投資収支および財務収支の合計が収支合計です。前期末から当期末までの**現金預金の増減**と一致します。

キャッシュフロー計算書の例――神奈川県川崎市のケース

行政キャッシュフロー計算書の作り方は公開されています。ここでは、財務省理財局「地方公共団体向け財政融資　財務状況把握ハンドブック」に掲載されている作成要領に従って、川崎市の地方財政状況調査表のデータから作成しました（**図表3·2**）。

まずは行政活動の部の行政収支、投資活動の部の投資収支、財務活動の部の財務収支の3つを合計すると行末の収支合計になること。2019年度の収支合計が、図表3·3に示した川崎市の残高一覧の現金預金の増減に一致することを確認しましょう。

主要残高とキャッシュフロー分析指標

次に、財務分析に必要な残高データと分析指標を説明します。図表3·3にリストアップしました。図表3·2の行政キャッシュフロー計算書の様式に合わせて2期分と増減を載せました。上から順に説明します。

現金預金

行政キャッシュフロー計算書において現金預金とは、歳計現金（歳入歳出差引）の他、財政調整基金と減債基金を含めています。名称こそ「基金」ですが、財政調整基金はそもそも年度間の財源調整、いわば資金繰りに使われており、実態として大部分が金融機関の預金であることから、現金預金にみなしています。減債基金はある種の地方債の満期一括償還に備えて積み立てておくもので、資金繰りのパターンとしては分割償還と同じであることから、同じく現金預金にみなしています。

図表 3-2　川崎市の行政キャッシュフロー計算書

科　　目	2018 年度 百万円	構成比 %	2019 年度 百万円	構成比 %	増　減 百万円	増減率 %
■ 行政活動の部						
経常収入	568,537	100.0	583,830	100.0	15,293	2.7
地方税	353,077	62.1	361,896	62.0	8,819	2.5
地方譲与税・交付金	45,011	7.9	40,229	6.9	-4,782	-10.6
地方交付税	269	0.0	1,427	0.2	1,158	430.4
国（県）支出金	133,479	23.5	145,462	24.9	11,983	9.0
分担金・負担金・寄附金	11,942	2.1	10,573	1.8	-1,369	-11.5
使用料・手数料	16,328	2.9	15,873	2.7	-455	-2.8
事業等収入	8,431	1.5	8,370	1.4	-61	-0.7
経常支出	527,476	92.8	556,124	95.3	28,648	5.4
人件費	146,189	25.7	147,339	25.2	1,150	0.8
物件費	69,584	12.2	73,677	12.6	4,093	5.9
維持補修費	6,738	1.2	6,137	1.1	-601	-8.9
扶助費	185,628	32.7	197,149	33.8	11,521	6.2
補助費等	70,235	12.4	82,770	14.2	12,535	17.8
繰出金	36,545	6.4	37,746	6.5	1,201	3.3
支払利息	12,557	2.2	11,307	1.9	-1,250	-10.0
経常収支	41,062	7.2	27,706	4.7	-13,355	-32.5
特別収入	4,521		5,490		969	
特別支出	0		383		383	
行政収支	45,583	8.0	32,813	5.6	-12,769	-28.0
■ 投資活動の部						
投資収入	90,427		98,361		7,934	8.8
国（県）支出金	18,436		18,359		-77	-0.4
分担金及び負担金・寄附金	3,364		4,402		1,037	30.8
財産売払収入	1,150		586		-564	-49.1
貸付金回収	22,235		21,113		-1,123	-5.0
積立基金等取崩	45,240		53,901		8,661	19.1
投資支出	122,955		117,718		-5,236	-4.3
普通建設事業費	92,466		87,730		-4,736	-5.1
繰出金（建設費）	4		2		-2	-50.7
投資及び出資金	7,151		6,701		-450	-6.3
貸付金	22,142		21,203		-940	-4.2
積立基金等	1,190		2,082		892	74.9
投資収支	-32,528		-19,357		13,170	-40.5
■ 財務活動の部						
財務収入	46,894		47,541		647	1.4
地方債	46,894		47,541		647	1.4
翌年度繰上充用金	0		0		0	-
財務支出	60,186		59,966		-220	-0.4
元金償還額	60,186		59,966		-220	-0.4
前年度繰上充用金	0		0		0	-
財務収支	-13,293		-12,425		868	-6.5
収支合計	-238		1,031		1,269	-533.8

（出典：総務省「地方財政状況調査」から筆者作成）

図表 3-3　主要残高とキャッシュフロー分析指標

科　　目	2018 年度	2019 年度	増　減
	百万円	百万円	百万円
■ 主要残高			
現金預金	9,953	10,984	1,031
歳計現金	2,992	3,476	483
財政調整基金	6,121	6,384	263
減債基金	839	1,124	285
特定目的基金	22,315	23,206	892
積立金等	32,268	34,190	1,923
有利子負債	814,671	802,246	-12,425
地方債現在高	814,671	802,246	-12,425
翌年度繰上充用金	0	0	0
有利子負債相当額	26,363	23,750	-2,613
債務負担行為	26,270	23,683	-2,587
公営企業の資金不足額	0	0	0
公営事業の資金不足額	0	0	0
事務組合の資金不足額	0	0	0
第三セクター等	93	67	-26
実質債務	808,767	791,806	-16,961
■ 分析指標			
債務償還可能年数 (年)	19.7	28.6	8.9
実質債務月収倍率 (月)	17.1	16.3	-0.8
行政経常収支率 (%)	7.2	4.7	-2.5
積立金等月収倍率 (月)	0.7	0.7	0.0
手元流動性 (月)	0.2	0.2	0.0

(出典：総務省「地方財政状況調査」から筆者作成)

積立金等

現金預金に特定目的基金を足したものを「**積立金等**」としています。

有利子負債

有利子負債は地方債現在高に翌年度繰上充用金を加えたものです。翌年度繰上充用金は歳入歳出の赤字が生じたときに発生します。現実には資金ショートを一時借入金等でつなぐなどしています。こうした簿外の借入を捕捉するため、翌年度繰上充用金を有利子負債に加えます。

有利子負債相当額

いわゆる「隠れ債務」です。地方公営企業や第三セクター等が将来にわたり返済の見込みが低い借入金を抱えている場合、いずれ親団体たる自治体が肩代わりせざるを得なくなります。こうして現時点で見込まれる将来負担を有利子負債相当額に計上します。将来負担比率の要素となる将来負

担額を基に計算しますが、具体的な算式は前述の「財務状況把握ハンドブック」に掲載されています。

実質債務

有利子負債に有利子負債相当額を加え、積立金等を差し引いた残額です。

② 修正損益計算書

修正損益計算書とは

先に説明したように、本書では行政キャッシュフロー計算書の行政活動の部を修正損益計算書といっています。

「黒字倒産」という言葉があるように、**損益計算書上の期間損益は必ずしも事業体の持続可能性を意味しません**。こと金融機関にとって財務分析は徹底したリアリズムに基づきます。返済能力ひいては財政の持続可能性に関心を持つ金融機関は、融資審査にあたって損益計算書をキャッシュベースに引き直します。引き直したものが「修正損益計算書」です。

たとえば、損益計算書では現金の流出を伴わない減価償却費などを費用計上しますが、キャッシュベースの考え方ではこれを足し戻します。このようにして、経営成績を評価するための概念上の利益から現金ベースの利

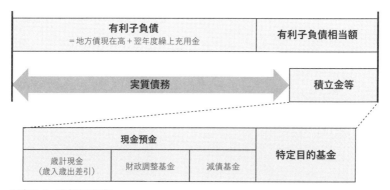

図表3・4　残高間の関係（筆者作成）

益に修正します。すなわち、損益計算書の経常利益から経常収支にします。

　行政キャッシュフロー計算書の行政活動の部は、まさに損益計算書を現金ベースに引き直した修正損益計算書と同じものとして作られています。

修正損益計算書の例——神奈川県川崎市のケース

　図表3・2を読みやすくするため、行政活動の部を損益計算書のイメージで要約しました（**図表3・5**）。経常収入は損益計算書の経常収益、経常支出が経常費用、そして経常収支は経常利益をそれぞれ現金ベースに引き直したものです。ここで経常収支は現金ベースの経常利益と捉えてください。

　分析のため経常支出には経常収入に対する構成比を付しています。残高データは現金預金、積立金等、実質債務の3つを抽出しました。その下に分析指標を並べています。意味や目的は後述します。

図表3・5　川崎市の修正損益計算書（行政キャッシュフロー計算書の行政活動の部）

科　　目	2018 年度	構成比	2019 年度	構成比	増　減	増減率
	百万円	％	百万円	％	百万円	％
経常収入	568,537	100.0	583,830	100.0	15,293	2.7
経常支出	527,476	92.8	556,124	95.3	28,648	5.4
人件費	146,189	25.7	147,339	25.2	1,150	0.8
物件費	69,584	12.2	73,677	12.6	4,093	5.9
維持補修費	6,738	1.2	6,137	1.1	-601	-8.9
扶助費	185,628	32.7	197,149	33.8	11,521	6.2
補助費等	70,235	12.4	82,770	14.2	12,535	17.8
繰出金	36,545	6.4	37,746	6.5	1,201	3.3
支払利息	12,557	2.2	11,307	1.9	-1,250	-10.0
経常収支	41,062	7.2	27,706	4.7	-13,355	-32.5
現金預金	9,953		10,984		1,031	10.4
積立金等	32,268		34,190		1,923	6.0
実質債務	808,767		791,806		-16,961	-2.1
債務償還可能年数 (年)	19.7		28.6		8.9	
実質債務月収倍率 (月)	17.1		16.3		-0.8	
行政経常収支率 (%)	7.2		4.7		-2.5	
積立金等月収倍率 (月)	0.7		0.7		0.0	
手元流動性 (月)	0.2		0.2		0.0	

（出典：総務省「地方財政状況調査」から筆者作成）

③ 財務省による地方自治体の財務診断

地方自治体に対する財務状況のモニタリング

あまり知られていませんが、財務省は「財政投融資特別会計」という銀行に似た機能を持っています。国債を原資に、政府系金融機関や地方自治体に融資をしています。言うまでもなく確実かつ有利な運用が義務づけられており、融資審査の一環として、決算年度毎に地方自治体の財務状況をモニタリングしています（「財務状況把握」といいます）。モニタリングに使用しているのが、他でもない行政キャッシュフロー計算書です。

財政診断の結果をまとめた「診断表」

財務省は財務状況把握の一環として毎年度200弱の団体を抽出し、直接訪問しヒアリング調査をしています。調査の結果を「**診断表（財務状況把握の結果概要）**」にまとめ、対象自治体に交付します (**図表3・6**)。融資先の自治体すべてに対するモニタリングを集団検診とすれば、ヒアリング調査は精密検査です。行政キャッシュフロー計算書の作成ひとつを例にとっても、原データを丁寧に精査し、一過性の収支、隠れ債務、基金の換金可能性を

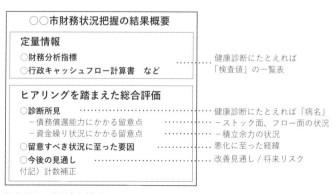

図表3・6　診断表の構成 (筆者作成)

評価しています。「精密検査」とはいえ財政悪化の兆候がある先とは限らず、財政アドバイスを通じたリレーション充実策の一環として幅広く巡回しています。

　なお、本書で扱う事例で筆者が作成したものはすべて、地方財政状況調査表の決算データを単純に組み替えて作成しています。診断表の診断がいわば確定診断に近いのに対し、単純に組み替えて算出した分析指標による見立てはあくまで「疑い」に留まる点にご注意ください。

キャッシュフロー分析指標で問題を診断する

① 健全性を診断する 4 つの「検査値」

行政キャッシュフロー計算書から導かれる財務分析指標

　財政診断は健康診断にたとえることができます。「毎月末の資金繰りが綱渡りだ」のような困った状態が「症状」です。それは体温や血圧などの検査値に表れます。たとえば肥満度を表す指数である BMI は、これが高い

図表 3-7　キャッシュフロー分析指標

指標名と計算式		視点と意義
債務償還可能年数 （単位：年）	$\dfrac{\text{実質債務}}{\text{経常収支}}$	【債務償還能力】 債務は償還原資の何年分あるか。返済能力ひいては財政の持続可能性を示す最重要指標
実質債務月収倍率 （単位：月）	$\dfrac{\text{実質債務}}{\substack{\text{経常月収}\\(\text{経常収入} \div 12)}}$	【債務の大きさ】 月収何カ月分の債務を抱えているかを示す。高いと債務過多が疑われる
行政経常収支率 （単位：%）	$\dfrac{\text{経常収支}}{\text{経常収入}}$	【償還原資・経常的な収支】 キャッシュベースの経常利益率（キャッシュフローマージン） 低いと収支悪化が疑われる
積立金等月収倍率 （単位：月）	$\dfrac{\text{積立金等}}{\substack{\text{経常月収}\\(\text{経常収入} \div 12)}}$	【資金繰り余力】 月収何カ月分の積立金があるかを意味する算式で収支悪化への耐久余力を示す。高いほうがよい

（出典：財務省「地方公共団体向け財政融資 財務状況把握ハンドブック令和 3 年 6 月改訂」から筆者作成）

こと自体が病気ではないにしても、放置すればいずれ心血管系の疾患に陥る可能性が高いことを示し、ひいては生活改善を促す指標です。

　行政キャッシュフロー計算書から導かれる指標は、自治体財政の健全性の診断に必要な「検査値」です。代表的なものが4つあります(**図表3・7**)。

　営利企業ではないため"月商"ではなく"月収"、"営業"の代わりに"行政"のように言葉を換えていますが、内容は企業分析の同名の指標と同じです。

検査値①　返済能力を示す「債務償還可能年数」

　債務償還可能年数の算式は**実質債務が経常収支の何年分あるか**を示しています。自治体が1年間に生み出す経常収支を、前年度末時点の実質債務の償還に仮にすべて回したとして、完済に何年かかるかを示唆しています。返済能力ひいては財政の持続可能性を示す重要な指標です。融資先の返済能力に強い関心を持つ金融機関は経常収支を償還原資とみます。

　債務償還可能年数が短いほど返済能力は高いといえます。逆に長いと要注意です。民間企業の信用格付では15年が要注意先の目安です。

　注意点は、**経常収支が小さいと極端値が出やすい**ことです。経常収支の水準が低い場合、少し減少しただけで債務償還可能年数が大きく増えてしまいます。他の指標と合わせて診断することがポイントです

検査値②　借り過ぎ指標の「実質債務月収倍率」

　実質債務が月収の何カ月分あるかを示す算式で、身の丈に比べた借入負担の大きさを評価する指標です。企業分析の「有利子負債月商倍率」と同じ考え方です。有利子負債の代わりに実質債務を使います。財政規模に対する借入負担の大きさという点で将来負担比率と同じ算式です。地方債現在高に隠れ債務を加算し、積立金を控除する点も共通しています。ただし、**臨時財政対策債を有利子負債から控除しない点が決定的に異なります**。交

付税措置対象の地方債を有利子負債から控除するルールもありません。

　実質債務月収倍率が高いと借入過多が疑われます。企業分析では、有利子負債が年商すなわち売上12カ月分を越えると要注意とされます。業種によって目安は異なり、ホテルや病院など設備集約型の業種は24カ月も許容されます。地方自治体は設備集約型の業種に近いです。

検査値③　当年度の経営成績を示す「行政経常収支率」

　企業分析の「経常利益率」に相当します。もっとも減価償却費など非資金項目を足し戻した現金ベースの経常収支なので、正確にいえば「キャッシュフローマージン」です。行政経常収支率とキャッシュフローマージンは算式も意味も同じ指標です。**行政経常収支率は経常収入に対する経常収支の比率**です。

　経常収入を基準にどの程度のキャッシュすなわち償還原資を生み出しているかを示す指標です。経常利益率と同じく当年度の経営成績を反映します。もっとも自治体は営利企業ではないので行政経営の効率性の評価に使えるといったほうが適当かもしれません。自治体にとってどれだけの「利益」、いや償還原資が必要かは借入負担の大きさによります。**営利企業と違って高ければ高いほど良いという見方はしない**ことに留意が必要です。

　低くても返済すべき借入金が少なければ問題ありません。それでも経常収支の赤字は資金繰りの面で問題です。赤字が続いても積立金が残っているうちは問題ありませんが、いずれ枯渇し資金ショートを起こします。

検査値④　耐久余力を示す「積立金等月収倍率」

　積立金等月収倍率は文字通り**積立金が月収の何カ月分あるかを意味する算式で、リスク耐久余力**を示します。

　ここでリスクとは収支悪化のことです。2020年度（令和2）の想定外の新型コロナウイルス感染症の流行で一過的とはいえ支出が急増しました。

それで積立金を取り崩した自治体も多いと思います。災害時にどれだけ財政が耐えられるかは積立金の厚みによります。平時においても、経常収支の赤字が続き資金繰りに窮すると財政調整基金をはじめ積立金の取り崩しで穴埋めします。そうした状態に何年いや何か月耐えられるかも積立金の水準によります。積立金月収倍率は、仮に**収入がゼロ**となった場合でも**持ちこたえる月数**ともいえます。

　積立金等のもう1つの意味は累積黒字です。経常収支の黒字が続くと積立金等は厚みを増していきます。毎年度の経営成績を示す行政経常収支率に対し、積立金等月収倍率は**当年度までの数年間にわたる健全経営の結果**ということもできます。

◆ワンポイント：足下の資金繰りを反映する「手元流動性」

　行政キャッシュフロー計算書上の現金預金が経常月商の何カ月分あるかの算式で足下の資金繰りの繁忙度を評価します。企業分析に使う「手元流動性」とまったく同じ算式で意味も同じです。手元流動性が1カ月未満だと資金繰りは多忙といえます。

② 自治体が罹る3つの病気──借り過ぎ、赤字、金欠病

　財務省の診断基準を見てみましょう（**図表3・8**）。財務上の留意点は「債務高水準」「収支低水準」そして「積立低水準」の3つあります。

問題① 借り過ぎ＝借入過多（留意点としては債務高水準）

　実質債務月収倍率24カ月以上で債務高水準です。ただし債務償還可能年数が15年以上の場合、実質債務月収倍率が18カ月であっても債務高水準に抵触します。

　留意点「債務高水準」に対応する財務上の問題は「借入過多」です。こ

図表 3・8　財務上の留意点と診断基準

債務高水準	実質債務月収倍率 24 カ月以上	または	実質債務月収倍率 18 カ月以上 かつ 債務償還可能年数 15 年以上
収支低水準	行政経常収支率 0%以下	または	行政経常収支率 10 ％未満 かつ 債務償還可能年数 15 年以上
積立低水準	積立金等月収倍率 1 カ月未満	または	積立金等月収倍率 3 カ月未満 かつ 行政経常収支率 10 ％未満

（出典：財務省「地方公共団体向け財政融資財務状況把握ハンドブック令和 3 年 6 月改訂」から筆者作成）

こでひらたく「病名」に例えていえば「借り過ぎ」となります。

問題②　赤字＝収支悪化（留意点としては収支低水準）

　収支低水準は行政経常収支率の 0% 以下で抵触します。要するに赤字です。債務償還可能年数が 15 年以上の場合は行政経常収支率が 10 ％を下回った段階で収支低水準となります。「収支低水準」の意味するところは収支悪化です。民間企業で売上に対する利益率が低いことと同じです。

　営利を目的としない地方自治体に利益率は関係ありません。とはいえ、財政の持続可能性の観点から借入金の約定弁済に支障がない程度の余剰は必要です。**自治体にとって経常収支は償還原資**としての意味を持ちます。債務償還可能年数 15 年以上とは実質債務が償還原資の少なくとも 15 倍あるということです。これでは返済能力に不安があります。**返済すべき実質債務に対し適正な経常収支の水準を保つことが健全財政のポイント**です。

借入過多と収支悪化に分解できる財政悪化

　債務償還可能年数は**実質債務月収倍率と行政経常収支率に分解**できます。

　債務償還可能年数の分子分母のそれぞれを経常収入で割ると分子が実質債務月収倍率、分母が行政経常収支率になります（**図表 3・9**）。式の形からわかるように債務償還可能年数は、実質債務月収倍率に比例し、行政経常収

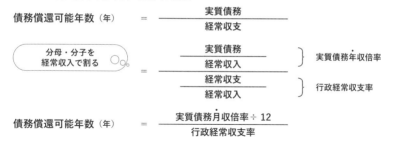

図表 3·9　債務償還可能年数の分解 (筆者作成)

$$\text{債務償還可能年数 (年)} = \frac{\text{実質債務}}{\text{経常収支}}$$

分母・分子を経常収入で割る ○○

$$= \frac{\dfrac{\text{実質債務}}{\text{経常収入}}}{\dfrac{\text{経常収支}}{\text{経常収入}}} \left. \begin{array}{l} \\ \end{array} \right\} \text{実質債務年収倍率} \\ \left. \begin{array}{l} \\ \end{array} \right\} \text{行政経常収支率}$$

$$\text{債務償還可能年数 (年)} = \frac{\text{実質債務月収倍率} \div 12}{\text{行政経常収支率}}$$

支率に反比例する指標です。

　次の図表 3·10 は実質債務月収倍率を横軸, 行政経常収支率を縦軸とした自治体財政のクロス図です。プロットは川崎市の 5 年度前からの推移を示しています。

　右側にあるほど借入が多く 24 カ月以上で借入過多の水準, 下側にあるほど収支水準が低く 0% 以下で収支悪化となります。プロットエリアの右下

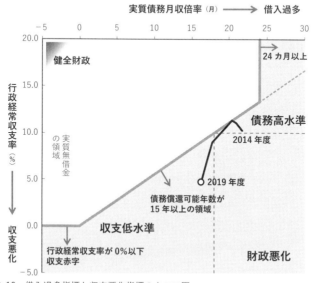

図表 3·10　借入過多指標と収支悪化指標のクロス図 (出典：総務省「地方財政状況調査」から筆者作成)

に位置するほど財政悪化が深刻で、左上に位置するほど健全財政です。図表を右上から左下に貫く斜線は債務償還可能年数が15年となる実質債務月収倍率と行政経常収支率の組み合わせです。斜線を境に右下が債務償還可能年数15年以上の領域となります。

　図表3・10が示すように、**財政悪化とは借入（横軸）と収支（縦軸）のバランスが崩れること**です。借入れがある程度多くても収支で償還する能力があれば問題ないですし、収支が逼迫しているようにみえても借入れがなければ問題ありません。もちろん借入れが極端に大きくてもいけませんし、経常収支の赤字も問題です。

　企業分析にも共通して言えることですが、絞り込むと**財政において病気は借入過多と収支悪化の2つ**になります。ひらたくいえば「借り過ぎ」と「赤字」です。図表3・10が示すように財政悪化は借入過多と収支悪化に分解できます。この2つが悪化ケースごとにブレンドされています。

◆**ワンポイント：財政問題を肥満にたとえると**

　ふりかえると財政問題は肥満に似ています。健康診断でおなじみの指標BMIは体重を身長の2乗で割った指数です。程度の差こそあれ25以上で肥満とされます。債務償還可能年数に重ねると実質債務は体重です。行政経常収支率は身長の2乗に当たります。ある程度体重があっても代謝が旺盛なら肥満にはなりません。
　肥満が病気とは言い切れませんが、加齢とともに生活習慣病に陥るリスクが高まるので随時モニタリングのうえ改善すべき状態であるのに違いありません。

問題③　金欠病（留意点としては積立低水準）

　分析指標の解説に戻ります。財政上の留意点のうち積立低水準の基準は、積立金等月収倍率1カ月未満です。民間企業でも手元流動性が1カ月未満だと資金繰りが厳しいという判断になりますから、現金預金に特定目的基金を加えた積立金等が月収に満たない水準はかなり厳しいと思われます。

病名をつけるとすれば「金欠病」が当てはまるでしょう。急性と慢性の金欠病がありますが、新型コロナウイルス感染症への対応によって急性の金欠病に罹患した自治体が増えそうです。

　収支状況が良好であれば翌年度以降は積立金等が積みあがっていくと考えられます。積立金等月収倍率が多少低くてもリスクは小さいでしょう。リスクバッファの厚みは必須ではありません。逆にいえば、収支状況が十分でなければ積立金等にそれなりの厚みがないと財政破たんのリスクが増します。

　財務省の診断基準では、行政経常収支率が10％未満の場合、積立金等月収倍率が3カ月を下回った時点で積立低水準に抵触します。

　ここまで4つの分析指標について説明しました。財政悪化には必ず債務過多、収支悪化を伴います。**財政悪化が財政破たんに結び付くのは、それが積立金等の枯渇を伴ったとき**です。借入過多が収支悪化に拍車をかけ、積立金等の取り崩しで賄うことが常態となったとき、問題を解決しなければ数年内に財政破たんします。自治体の破たん法制がないため狭義の財政破たんはないにせよ、支払期限の延長ついには資金ショートという形で顕在化します。

倒産がない自治体の財政を分析する意義

　これまで財政破たんはどのような形で現れたでしょうか。

　はじめに思いつくのは「財政再建団体」の指定です。福岡県赤池町は1992年（平成4）、北海道夕張市は2007年（平成19）に財政再建団体になりました。いずれも旧産炭地で、人口減少が深刻な一方で借入が膨張してしまいました。財政運営に様々な制限が加えられますが、債務不履行にはなりません。そうした意味では世間一般でイメージされる経営破たんとは若干異なります。

　自治体の財政悪化により外郭団体に対する補填が滞ることはありえま

す。その場合外郭団体が資金ショートを起こします。

　宮城県石巻市と東松島市を構成団体とする一部事務組合、「公立深谷病院」が、2006年（平成18）10月に資金繰り資金の融資を銀行に断られました。年末には当時の職員169人に支給するボーナス資金に窮し、一律30％の削減のうえ両市に融資を依頼し、石巻市が「人道的見地」に立って1億円を貸し付けることになりました。あわせて現体制での経営立て直しは困難と判断され、翌年3月に閉院しました。その後、病院経営は民間の医療法人が引き継いでいます。

　第三セクターに対する債権放棄もありえます。青森市が出資する第三セクター、青森駅前再開発ビル株式会社は2001年（平成13）1月青森駅前にオープンした再開発ビル「アウガ」を運営していました。地階に市場、1階から4階までファッションビルで、5階以上に図書館や男女共同参画プラザなど公共施設が入っていました。郊外商業地におされオープン当初から収益が伸び悩み慢性的な赤字体質に陥りました。2008年（平成20）、取引銀行は23億3,000万円の貸出債権を8億5,000万円で市に売却しました。差額は事実上の債権放棄と考えられます。

　自治体が出資しているからといって自治体が損失補填しなければならないわけではありません。とはいえ、自治体財政に余裕があった時期なら問題視されなかった補填も財政悪化に伴い難しくなります。債権者からみれば自治体の財政悪化が外郭団体に現れたことになります。

　自治体本体の資金ショートは前例がありませんが、資金ショートに至るまでの遠い近いは存在します。**資金ショートに至るまでの距離の差が自治体の財政悪化の程度であり、これを把握することが自治体財務分析の意義**です。

3

財政悪化の原因を特定する

❶ 一過性の異常かどうかを見極める「計数補正」

　分析指標は健康診断の検査値です。集団検診の一次スクリーニング調査のようなもので、ここで抵触しても直ちに病気が確定するわけではありません。この段階では病気の"仮説"です。仮説は検証が必要です。診断実務では修正損益計算書が実態を示しているかを確かめるため「計数補正」をします。健康診断にたとえれば検査日のコンディションによる一過的な異常の可能性を見極めるための再検査です。

手順①　フロー系統のチェック：一過性の収入・支出の控除

　自治体の収入や支出に一過性のものがないかチェックします。
　前年度、前々年度と比較し極端に増えたり減ったりしている内訳はないか。それは補助制度の改廃によるものか、工場誘致など経済構造の変化によるものか、遊休資産の売却によるものか等々を検討します。
　検討の結果、制度や構造によるものでなく、当年度限りの一過的なものと判明した場合、極端に増えた収入支出を修正損益計算書から削除します。直近は新型コロナウイルス感染症に絡む一過的な支出が多そうです。

手順②　ストック系統のチェック：換金可能性・隠れ負債の特定

　換金可能性の疑わしい積立金、隠れ債務の存在を探索し、必要に応じて

実質債務を修正します。

　将来負担比率の計算要素である将来負担額を精査し、内訳に含まれていない隠れ債務があれば加算します。

　積立金等は運用状況を精査します。たとえば特定目的基金の運用先が第三セクター等の場合、運用先の信用状態を調査して回収可能性を吟味する必要があります。積立金に関する分析指標の読み方に関する「ワンポイント」で紹介した**検収調書**も換金可能性の疑わしい積立金等を探すのに役立ちます。

手順③　経常収支・実質債務の調整と分析指標の修正

　収入支出の一過性、積立金等の換金可能性、隠れ債務の精査を元に、経常収支と実質債務を加減します。そして分析指標を修正します。

　参考まで、公表されている診断表から計数補正の実例を図表3・11として掲載します。対象は長野県松本市の2017年度（平成29）決算です。

② 借入過多の診断例

　突き詰めれば財政の病気は2つしかありません。借入過多"病"と収支悪化"病"です。この2つの組み合わせが財政悪化で、赤字が常態化し積立金等の余力がなくなると資金ショートします。

　借入過多も収支悪化も原因を把握する方法は同じです。他の健全団体、あるいは平均と比べて特定する方法と、自らが健全団体だった時代と比べて差分を特定する方法です。借入過多は実質債務、収支悪化は経常収支に着眼します。

借入過多の分析

　はじめに、分析指標に問題がなかった年度を特定します。仮に「健全年

●計数補正

　債務償還能力及び資金繰り状況を評価するにあたっては、ヒアリングを踏まえ、以下の計数補正を行っている。

■ 補正科目

○ 定額給付金の補正について
（補正理由）
　一過性の定額給付金に係る収入及び支出が行政経常収入及び行政経常支出に計上されているため、行政特別収支に整理した。

【百万円】

科目	年度	金額	年度	金額	補正内容
国（県）支出金等	20	▲ 542	21	▲ 2,912	減額補正
補助費等	20	▲ 153	21	▲ 3,302	減額補正
行政特別収入	20	542	21	2,912	増額補正
行政特別支出	20	153	21	3,302	増額補正

○ 誤差の補正について
（補正理由）
①松本市育英資金については、学生への融資時点では基金残高を減じることなく管理されているが、一定の要件に該当する者に対して奨学金の償還債務を免除する際に基金残高から相当額を控除することとしている。この際、定額運用基金の取崩額と普通会計における繰入額に不一致を生じるため。（平成20～23年度）

【百万円】

科目	年度	金額	年度	金額	年度	金額	年度	金額	補正内容
行政特別収入	20	3	21	2	22	2	23	2	増額補正
定額運用基金（基金取崩）	20	▲ 3	21	▲ 2	22	▲ 2	23	▲ 2	減額補正

②平成22年3月31日に松本市と合併した旧波田町の高額医療費貸付基金廃止に伴う取崩額が決算統計29表に計上されていないため。

【百万円】

科目	年度	金額	補正内容
行政特別収入	21	▲ 3	減額補正
定額運用基金（基金取崩）	21	3	増額補正

■ 財務指標への影響（補正前→補正後）

	H20年度	H21年度	H22年度	H23年度	H24年度
債務償還可能年数	6.3→6.5 年	6.2→6.0 年	5.6 年	5.8 年	5.2 年
実質債務月収倍率	14.2→14.3 月	12.5→13.0 月	11.4 月	10.5 月	10.0 月
積立金等月収倍率	2.7 月	3.0→3.1 月	3.7 月	4.3 月	4.7 月
行政経常収支率	18.8→18.4 %	16.7→17.9 %	17.1 %	15.0 %	16.0 %
	H25年度	H26年度	H27年度	H28年度	H29年度
債務償還可能年数	4.4 年	4.0 年	3.2 年	4.0 年	3.2 年
実質債務月収倍率	9.1 月	8.3 月	6.9 月	6.5 月	5.7 月
積立金等月収倍率	5.1 月	5.4 月	5.9 月	6.1 月	6.1 月
行政経常収支率	17.2 %	17.0 %	17.8 %	13.5 %	14.6 %

（注）計数補正の結果、診断指標に変更があった場合は→で表示。

図表 3·11　計数補正の例（出典：松本市）

度」と呼びます。債務償還可能年数が15年未満、実質債務月収倍率が18カ月未満だった年度のうち最近のものです。たとえれば若かりし頃の体重を減量目標とする発想です。

次に健全年度と当年度の実質債務を比較し、最も増加幅が大きい内訳を悪化要因とします。ほとんどのケースは大規模建設事業による地方債現在高の増加です。実質債務の内訳にはいわゆる隠れ債務もあります。かつての北海道夕張市など隠れ債務が借入過多の要因になったケースがありますが、全体からみれば極めて少数派です。

過去の建設事業でもたらされた借入過多——岡山県津山市のケース

　事例は岡山県津山市の診断表です（**図表 3・12**）。対象年度は 2018 年度（平成 30）決算。債務償還可能年数は 15.9 年、実質債務月収倍率は 20.3 カ月で債務高水準と診断されました。2009 年度（平成 21）以降 10 年分の分析指標をみると、実質債務月収倍率は 2013 年度（平成 25）に 18 カ月を上回りました。その時点では行政経常収支率が 2 ケタ水準で債務償還可能年数が 15 年を下回っていたため診断基準の抵触に至りませんでした。

　他方で行政経常収支率が低下傾向をたどり、2017 年度（平成 29）に債務償還可能年数が 15 年以上となったことから債務高水準の診断基準に抵触してしまいました。

　その背景について診断表には次のように記載されています。

　「平成 25 年度に津山市土地開発公社の清算に伴う代位弁済のため第三セクター等改革推進債（以下「三セク債」という。）113.5 億円を発行したことや、合併特例債を活用し、小中学校施設整備事業など津山市第 5 次総合計画（計画期間：平成 28 年度〜令和 7 年度（以下「総

図表 3・12　岡山県津山市の財務指標の経年推移

	H21 年度	H22 年度	H23 年度	H24 年度	H25 年度	H26 年度	H27 年度	H28 年度	H29 年度	H30 年度	類似団体平均値（H29 年度）
債務償還可能年数	11.6 年	10.1 年	12.7 年	11.6 年	10.4 年	13.6 年	12.8 年	13.9 年	17.3 年	15.9 年	9.1 年
実質債務月収倍率	19.5 月	17.7 月	17.5 月	17.7 月	18.7 月	19.7 月	18.9 月	19.3 月	19.8 月	20.3 月	10.9 月
積立金等月収倍率	2.8 月	3.2 月	3.2 月	3.1 月	3.8 月	4.1 月	4.2 月	4.3 月	4.0 月	3.2 月	3.9 月
行政経常収支率	13.9 %	14.5 %	11.5 %	12.7 %	14.9 %	12.0 %	12.3 %	11.5 %	9.5 %	10.6 %	10.9 %

※「[参考] 1　財務上の問題把握の診断基準」のとおり、債務高水準、積立低水準、収支低水準となっている場合は、赤色で表示。　財務上の問題には、該当しないものの、診断基準の定義②のうち一つの指標に該当している場合は、黄色で表示。

（出典：津山市）

合計画」という。））の中で津山新市建設計画事業の推進を図っていることなどから、地方債現在高が増加傾向にあることが主な要因となっている」

なお、行政経常収支の減少傾向については次のような説明です。

「障害者自立支援給付費や保育施設運営費等の扶助費の増加などから行政経常支出が増加傾向にあることや、平成 27 年度から合併特例加算の段階的縮減が始まったことにより普通交付税の減少が続いていることが主な要因となっている」

③ 収支悪化の診断例

収支悪化の場合は、健全年度と当年度の経常収支を比較します。経常収入の減少幅、経常支出の増加幅のうち大きいものが収支悪化の要因です。

増えたのは人件費かそれ以外か——茨城県取手市のケース

収支悪化の事例も見てみましょう。

事例は茨城県取手市です（**図表 3·13**）。2019 年度（令和 1）決算の対象年度において行政経常収支率が5.6％。経常収支は黒字ですが債務償還可能年数が 25.7 年と 15 年以上であることから収支低水準と判定されました。実質

図表 3·13　茨城県取手市の財務指標の経年推移

	H22年度	H23年度	H24年度	H25年度	H26年度	H27年度	H28年度	H29年度	H30年度	R1年度	類似団体平均値（H30年度）
債務償還可能年数	19.5年	19.5年	16.9年	13.1年	13.2年	13.4年	18.4年	13.6年	17.6年	25.7年	10.0年
実質債務月収倍率	16.5月	16.2月	16.3月	16.3月	16.1月	15.5月	16.1月	15.4月	16.4月	17.4月	9.1月
積立金等月収倍率	1.8月	2.0月	2.5月	2.6月	2.6月	2.6月	2.3月	2.2月	2.1月	1.8月	3.7月
行政経常収支率	7.0％	6.9％	8.1％	10.3％	10.2％	9.5％	7.2％	9.4％	7.7％	5.6％	7.5％

※「参考1 財務上の問題把握の診断基準」の定義①（単独基準）に該当している場合は、赤色で表示。
　定義②（複合基準）のうち一つの指標に該当している場合は、黄色で表示。

（出典：取手市）

債務月収倍率は過去10年間18カ月を下回っており、借入水準には問題ないと思われます。

経年推移を見ると、行政経常収支率は2015年度（平成27）に10%を下回りました。2019年度（令和1）はここ10年で最低の水準です。

診断表では、行政経常収支率が10%を下回る前の2014年度（平成26）と比較しています（**図表3・14**）。行政経常収支率が10.2%だった2014年度（平成26）と、5.6%だった2019年度（令和1）を比較すると、影響が大きかったのは補助費等の増加と地方税の減少、次いで繰出金、物件費、扶助費であることがわかります。

診断表によれば、補助費等は「ごみ処理施設の新設に伴い、その運営者である常総地方広域市町村圏事務組合に対する負担金が増加」、地方税は

図表 3・14　茨城県取手市の修正損益計算書（行政キャッシュフロー計算書の行政収支の部）

＜行政経常収支の減少要因＞　　　　　　　　　　　　　　　　　　【百万円】

	H26	R1	差異	影響額	割合	順位
地 方 税	14,592	13,571	▲1,022	1,022	25.0%	2
地方譲与税・交付金	1,719	2,471	751	－	0.0%	
地 方 交 付 税	5,022	6,530	1,508	－	0.0%	
国（県）支 出 金 等	1,126	1,410	284	－	0.0%	
分担金及び負担金・寄附金	316	222	▲94	94	2.3%	6
使 用 料 ・ 手 数 料	440	407	▲33	33	0.8%	8
事 業 等 収 入	530	493	▲37	37	0.9%	7
行 政 経 常 収 入	23,745	25,103	1,357			
人 件 費	6,916	6,918	2	2	0.0%	9
物 件 費	4,409	5,033	624	624	15.3%	4
維 持 補 修 費	106	101	▲6	－	0.0%	
扶 助 費	2,540	3,118	578	578	14.1%	5
補 助 費 等	1,919	2,971	1,052	1,052	25.7%	1
繰出金（建設費以外）	2,848	3,498	650	650	15.9%	3
支 払 利 息	524	298	▲226	－	0.0%	
行 政 経 常 支 出	19,261	21,936	2,675			
行 政 経 常 収 支	4,484	3,167	▲1,317	4,092	100.0%	

※扶助費の増加に対して見合いとなる国（県）支出金の増加分を行政経常収入及び行政経常支出から控除
※下水道事業は除く（法適化による科目変更の影響を除く）

（出典：取手市）

「市内大手企業の業績の低迷に伴い法人住民税が減少」でした。繰出金については「高齢化の進展に伴い介護保険特別会計及び後期高齢者医療特別会計への繰出金が増加」とあります。物件費の増加は、「消費税率の引上げや取手ウェルネスプラザの開設に伴う指定管理委託料の発生等により委託料が増加」とのことでした。

　診断表には将来見通しについても記載されています。行政経常収支については、経常収入、経常支出ともに増加するものの、経常収入の増加幅のほうが大きいことから今後改善の見通しとされています。

4 「子会社」への赤字補填の識別

外郭団体への資金流出の２パターン

　取手市の行政経常収支の減少要因の１つに常総地方広域市町村圏事務組合に対する負担金がありました。

　地方自治体の財政を診断するにあたって重要なのは、このような外郭団体、いわば「子会社」への資金の流出を見抜くことです。流出には大きく２つのパターンがあります。

　流出の１つは、こうした外郭団体に対する委託料です。もう１つは赤字補填です。そもそも外郭団体は独立採算を原則としています。とはいえ公益性の高い業務を担う以上、収支均衡が難しいケースもあります。そうしたとき地方自治体は経費の一部を補填します。

　外郭団体が経営上の努力を尽くしてなお不足する経費を「親会社」たる地方自治体が補填するのは当然のことと思われます。しかし、それも自治体財政の健全性に影響を及ぼさない程度であることが前提です。

地方公営企業・一部事務組合等への赤字補填

　第２章で説明した通り、地方公共団体の会計は普通会計と公営事業会計

に分かれ、地方公営企業は公営事業会計に属します。地方公共団体の一部ではありますが、独立採算制を原則とし、財政分析の対象である普通会計からみれば外にある組織体です。本社・支社に対する工場のような関係です。本書では、文脈に応じて便宜的に普通会計のことを「自治体本体」「親団体」と呼んでいます。

　自治体本体から地方公営企業に対する支出は補助費等や繰出金の形をとります。病院事業や上水道事業など、企業会計を適用している地方公営企業については補助費等。一部事務組合も補助費等です。企業会計を適用していない公営事業、たとえば多くの下水道事業に対する自治体本体の支出は繰出金に計上されます。

公立病院への赤字補填──宮城県大崎市の例

　図表 3・15 は、宮城県大崎市の修正損益計算書です。2019 年度の債務償還可能年数が 26.7 年で行政経常収支率が 4.0％と、計数補正なしの数値で

図表 3・15　宮城県大崎市の修正損益計算書

| 単位：百万円、％ | 2018 年度 | | 2019 年度 | | | |
	金額	構成比	金額	構成比 A	問題なし B	A － B
経常収入	50,267	100.0	50,280	100.0	100.0	0.0
経常支出	48,291	96.1	48,250	96.0	93.0	3.0
人件費	7,435	14.8	7,341	14.6	17.7	-3.1
物件費	7,451	14.8	9,573	19.0	17.1	1.9
維持補修費	1,205	2.4	1,109	2.2	1.2	1.0
扶助費	11,950	23.8	12,459	24.8	31.1	-6.3
補助費等	13,459	26.8	10,984	**21.8**	**10.7**	**11.2**
うち病院	3,452	6.9	3,469	**6.9**	**0.8**	**6.1**
うち一部事務組合	7,666	15.2	4,379	**8.7**	**2.1**	**6.6**
繰出金	6,401	12.7	6,450	12.8	11.0	1.9
うち下水	2,009	4.0	2,088	**4.2**	**0.8**	**3.4**
支払利息	389	0.8	333	0.7	0.6	0.1
経常収支	1,976	3.9	2,030	4.0	10.7	-6.6
実質債務	49,686		54,103			
積立金等	22,214		20,837			
実質債務月収倍率 (月)	11.9		12.9		9.1	3.9
積立金等月収倍率 (月)	5.3		5.0		3.5	1.5
債務償還可能年数 (年)	25.1		26.7		8.3	18.4

（出典：総務省「地方財政状況調査」から筆者作成。問題がない中都市の債務償還可能年数は中央値。問題なし B とは収支面に問題ない中都市における構成比の平均）

はありますが、収支低水準に該当します。

　大崎市は人口 10 万人以上の中都市です。経常収入に対する経常支出の構成比を、収支面に問題がない 207 の中都市の平均と比べました。そうすると、補助費等が 21.8％ と平均の倍の水準であることがわかります。内訳をみると病院、一部事務組合に対するものが高いです。下水道事業に対する繰出金の構成比も高いようです。大崎市は公立病院や一部事務組合、下水道事業への支出が大きいと見受けられます。

　大崎市の公立病院に対する支出を少し詳しくみてみましょう。病院事業に対する補助費等は 3,469 百万円でした。

　図表 3・16 は大崎市病院事業の損益計算書の抜粋です。決算書上、ベッド数 500 床の基幹病院である大崎市民病院の本院と、鳴子温泉分院、岩出山分院および鹿島台分院の 4 つの病院で構成されます。

　大崎市の支出は、病院事業の医業収益、医業外収益、資本的収入で受け入れられます。制度上定められた基準の範囲内にほぼ収まっており、医業収益の負担金は救急医療の確保に基づくものが大きいです。医業外収益は

図表 3・16　大崎市病院事業の 2019 年度 (令和1) 損益計算書

単位：百万円	本院	鳴子温泉	岩出山	鹿島台	合計	
医業収益	19,607	346	545	663	21,161	
他会計負担金 A	889	40	36	36	1,002	救急医療の確保
医業費用	20,389	835	766	996	22,986	
職員給与費	8,064	426	390	525	9,406	
減価償却費	1,639	51	63	79	1,832	
医業利益	-782	-489	-221	-333	-1,825	
医業外収益	2,105	473	271	333	3,181	医師確保対策
他会計補助金 B	498	23	19	28	568	院内保育所等
他会計負担金 C	351	344	187	256	1,137	周産期・小児医療
医業外費用	1,117	29	24	27	1,197	不採算地区
支払利息	198	12	4	8	222	高度医療
経常利益	206	-46	26	-27	159	利息負担
純利益	314	-40	40	-25	289	
資本的収入						
他会計負担金 D	615	93	34	23	765	公債費負担等
実繰入額 A ～ D	2,352	499	277	343	3,472	
基準額	2,352	499	277	339	3,469	

（出典：総務省「地方公営企業決算状況調査」から筆者作成）

医師確保対策、院内保育所の運営経費に充てられる補助金、高度・小児医療を担うための負担金が主です。損益計算書上の収益としてではなく入金される資本的収入としては、病院整備にかかる公債費、つまり借入金の元金返済の原資としての負担金です。

財政の持続可能性と公共サービスの充実との間の最適点

独立採算の原則とはいえ、救急医療のためには常時病床を空け医師その他のスタッフを待機させなければなりません。周産期・小児医療など一般的に不採算の医療も自治体として確保する必要があります。自治体の本来の使命を尽くすために必要な負担金だけでなく、不採算がゆえに民間医療が進出できない公共サービスを提供するためには、ある程度の赤字補填は必要です。仮に市本体からの補助金がなければ、公共サービスは立ち行かなくなってしまうでしょう。大崎市の場合、市本体の持ち出しが制度の基準内にほぼ収まっており、単なる赤字補填とも異なるようです。

一方、「ある程度」の加減が難しいことは否めません。自治体の本体の支出が自治体の収支悪化をもたらさないようにする必要があります。収支悪化をもたらさないよう、限られた財源の中で何を優先するか、その中には地域医療という選択肢ももちろんあります。**財政の持続可能性と公共サービスの充実との間の最適点を見出すことも行政キャッシュフロー計算書の大きな役割です**。それぞれの立場から主張を力任せに相手にぶつけるのではなく、何をどれだけ節約すれば全体のバランスがとれるのかを建設的に検討することが重要です。

病院事業に対する補助費等が収支に与える影響

さて、大崎市のような病院事業に対する補助費等の影響が収支状況に与える影響が大きいケースはどれくらいあるのでしょうか。健全団体の平均と比べた行政経常収支率の乖離幅を計算してみると、乖離幅の半分以上が

病院事業に対する補助費等で説明できる市町村は 37 ありました。2019 年度（令和元）において収支悪化が疑われる市町村は 236 ありますが、その約 15％ になります。

　同じように計算すると、一部事務組合が自治体本体の収支に影響している例は 77 市町村、下水道事業は 60 市町村あります。一部事務組合の場合、補助費等が増える分だけ自治体本体の人件費はじめ他の経費が減りますが、地方公営企業については補助費等や繰出金がそのまま自治体本体の支出を押し上げます。地方公営企業にも様々ありますが、**事業数が多く支出額も大きいのは公立病院や下水道事業**です。

第三セクターへの赤字補填

　もう 1 つ、注意すべき「子会社」が第三セクターです。自治体が出資する半官半民の事業体です。数にして全体の 4 割は会社法の法人つまり民間企業です。すでに述べたように業種は多岐にわたります。土地開発公社、地方住宅供給公社、地方道路公社の三公社、公立大学など地方独立行政法人を含め「第三セクター等の出資・経営等の状況に関する調査結果」が毎年総務省から公表されています。

　第三セクター等が自治体財政の問題になるのは、第三セクター等の経営が自治体の委託業務で成り立っているケースがあること、元々不採算あるいは業績不振で赤字補填を受けているケースがあることからです。とくに後者において、自治体の目の届かないところで行われる第三セクター等の放漫経営によって、予想外の出費を自治体に迫られるといった事態が警戒されます。もちろんそうした第三セクター等ばかりではありませんが、経営の巧拙にかかわらず元々不採算で自治体の赤字補填を前提としているケースもあるので注意が必要ということです。

委託費・補助金の割合が高い第三セクター

さて、経常収入に占める受託収入（自治体からみた委託費）の割合が高い第三セクターとはどういったところでしょうか。

「第三セクター等の出資・経営等の状況に関する調査結果」（令和元年度調査）をみると、業務小分類の中で最も高いのは下水道サービスでした。次いで、検針やメーター交換を担う上水道サービス子会社です。駅前や中心市街地を活性化するために整備された再開発ビルの管理会社がこれに次ぎます。以下、上位10業種をみると、自治体のスタッフ業務の受託や公共施設の管理を目的に設立されたであろう会社が多いことがわかります（**図表 3·17 上**）。

次に、経常収入に占める補助金の割合が高い第三セクターをみてみます

図表 3·17　第三セクター等の収入依存度

経常収入に対する受託収入の割合			
	業務小分類	平均（%）	具体例
1	下水道	97.5	下水道の維持管理等
2	上水道	73.2	検針・メーター交換等
3	庁舎管理	72.3	再開発ビル等管理
4	公園等の管理	60.0	公園管理等
5	電算処理	56.0	受託計算サービス
6	社会教育施設管理	53.0	ホール等管理
7	スポーツ振興	44.0	体育館等管理
8	その他教育文化	42.5	美術館等管理
9	住宅	39.8	住宅供給公社
10	文化財保護	38.1	埋蔵文化財保護

経常収入に対する補助金収入の割合			
	業種	平均（%）	業務例
1	その他生活衛生関連	59.4	斎場管理等
2	学校	45.6	公立大学
3	国際交流	39.6	国際交流協会
4	造林事業	35.0	林業公社
5	技術振興・経営指導	30.5	中小企業支援センター
6	農用地等の取得造成	26.6	農業公社
7	観光宣伝	25.1	道の駅等
8	自然環境保全事業	23.4	緑化協会等
9	私学振興事業	23.0	私学振興会
10	スポーツ振興	21.0	体育館等管理

（出典：総務省「第三セクター等の出資・経営等の状況に関する調査結果」、令和元年度調査から筆者作成）

（図表3・17 下）。最も高いのが斎場管理などその他生活衛生関連業で経常収入のおよそ6割が自治体から得る補助金です。2番目が公立大学はじめ学校です。5位には中小企業支援センター等があります。7位には道の駅等が属する観光宣伝関連業です。**公益性ないし社会的必要性こそ高いものの、営業収益で独立採算を保つのは難しい業種が列挙**されています。

第三セクター等に対する地方自治体の財政支援状況

次に、第三セクター等に対する地方自治体の財政支援の大きさをみてみましょう。図表3・18 は、第三セクター等に対する財政支援の1団体当たりの平均を団体区分別に比較したものです。自治体の資金流出とも言い換えられますが、第三セクター等に対する財政支援には大きく4つのルートがあります。

すでに述べた委託費、補助金は第三セクター等の側からみれば経常収入で、それぞれ受託収入と補助金収入になります。損益項目以外には出資と貸付があります。第三セクター等の側からみれば自治体からの出資受入、借入金です。貸借対照表の負債および純資産を増やします。

図表3・18 をみると、1団体当たりの第三セクター等は政令市で平均27社、中都市で7.2、以下規模が小さくなるほど少なくなり、町村は1.9社です。保有している町村は7割程度です。中都市は委託費の平均が7億1,700

図表3・18　第三セクター等に対する財政支援

単位：百万円／団体	支援元				
(保有団体数)	政令市 (　　20)	特別区 (　　23)	中都市 (　　239)	小都市 (　　492)	町村 (　　657)
保有三セク数	27.0	4.7	7.2	3.7	1.9
自治体　→　第三セクターの支出　　　等の収入					
委託費　→　受託収入	10,841	799	717	138	34
補助金　→　補助金収入	5,236	459	238	63	13
出資金　→　出資受入	133,568	3,581	2,863	621	192
貸付金　→　借入金	28,229	1,763	961	169	32
うち債務保証・損失補償	14,436	1,990	1,002	171	41

（出典：総務省「第三セクター等の出資・経営等の状況に関する調査結果」（令和元年度調査）から筆者作成）

万円、補助金が 2 億 3,800 万円。小都市は委託費の平均が 1 億 3,800 万円、補助金が 6,300 万円程度です。町村は委託費と補助金合わせて 5,000 万円未満です。

自治体による損失補償の実態

借入金には民間の金融機関から借り入れたものもありますが、借り入れるにあたって自治体が債務保証や損失補償を金融機関に差し入れるケースがあります。そもそも財政援助制限法[*9]によって、地方公共団体は債務保証が禁止されています。土地開発公社や地方道路公社は例外です。

損失補償は債務保証と混同されがちですが、主債務者の債務不履行によって直ちに債務の肩代わりを求められるのではなく、本来の債権者が担保権の実行等によって回収した後、回収しきれなかった損失について補償するものです。

たとえば小規模事業者向けの制度融資「特別小口融資」があります。銀行に対し信用保証協会が債務保証します。信用保証協会は地方自治体と損失補償契約を締結します。融資に焦げ付きが発生したとき融資は信用保証協会に代位します。求償権を得た信用保証協会が回収に尽力し、それでも残った不良債権が損失補償契約に基づいて自治体が補償します。

本来はこのような使い方でしたが、時間が経つにつれ債務保証と変わらないケースも増えてきました。2006 年（平成 18）、香川県東かがわ市で温泉施設を営む第三セクター・株式会社ベッセルおおちが、信用保証協会の保証付きで金融機関から借りた 3,000 万円を、利率が割安ということで市の損失補償付の融資に借り換えました。この件については 2009 年（平成 21）に住民監査請求が提出されています。

自治体による損失補償の問題点

損失補償は、金融機関の審査が自ずと甘くなり、第三セクターに対する

債権者のガバナンスが利かず、放漫経営になりやすいことと、借入の実態把握が困難で、経営破たんが突如発覚し自治体が思わぬ負債を抱えてしまう可能性があることの点で問題があります。

1998年（平成10）、臨海部の貯炭場跡地のテーマパーク「ネイブルランド」が開園3年にして破たん。運営主体の第三セクターの借入金には福岡県大牟田市が損失補償をしていました。経営破たんを受け、大牟田市は2001年（平成13）以降10年かけて約29億円を支払うこととなりました。

2009年（平成21）、総務省から「第三セクター等の抜本的改革等に関する指針」が公表されました。ここには「第三セクター等の資金調達に関する損失補償は行うべきではなく、他の手段による方法を検討するべきである」と明記されています。90年代に端を発する様々な問題を経て、第三セクター等に対する将来負担は減少傾向にあります。

第三セクターに関する将来負担額の推移

図表3・19は健全化判断比率の1つ、将来負担比率の構成要素である将来負担額のうち第三セクター等に関するものの推移を示したグラフです。将来負担額の計算にあたっては、第三セクター等の経営状況や保有資産を勘案し、第三セクター等の負債のうち、親会社たる地方自治体が将来肩代わり返済する可能性のあるものを見積もります。図表3・19から第三セクター等に関する将来負担額の推移をみると、10年前の約4分の1強まで減少したことがうかがえます。

そもそも健全化判断比率は地方自治体の決算に表れない「隠れ債務」の把握を念頭に作られました。健全化判断比率の運用が始まった2008年（平成20）前後に比べれば、第三セクター等の問題はだいぶ解消されたように見受けられます。とはいえ、地方自治体の財政を正確に診断するにあたって、自治体本体だけでなく、外郭団体への資金流出や、将来の資金流出の可能性に着眼することの重要性は変わりません。

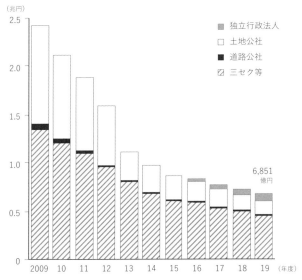

（兆円）

図表3・19　将来負担額のうち第三セクター等にかかるもの
（出典：総務省の健全化判断比率（確報値）から筆者作成）

　将来負担比率に計上される将来負担額は、第三セクター等の借入れのう
ち親会社たる自治体が債務保証や損失補償をしている部分に加減して見積
もられます。**売却可能資産を保有している、第三者のスポンサーの資金援
助が見込まれるなどの好条件があれば将来負担は少なく見積もることも可
能ですが**、逆に上振れすることもありえます。

　これまでの経緯から自治体が責任をもって支援しなければならない場
合、契約上の損失補償がなくても、追加の貸付、出資を余儀なくされるこ
とでしょう。第三セクター等を抱えている自治体財政の実態把握はそうした
追加支出のリスクを念頭に置いて進める必要があります。

第三セクター等の処理の事例──岩手県北上市のケース

　第三セクター等に対する地方自治体の負担は修正損益計算書にどのよう
に現れるのでしょうか。

事例は 2010 年度（平成 22）に土地開発公社を廃止した岩手県北上市の
ケースです。その前年度、2009 年度（平成 21）に「地方公共団体の財政
の健全化に関する法律」が全面施行され、将来負担比率等による早期是正
措置が始まりました。

同じ年度に公表されたのが、総務省自治財政局長通知「第三セクター等
の抜本的改革等に関する指針」です。廃止を含めた抜本的改革に取り組む
よう促されました。この流れの下、5 年度内の時限措置として登場したの
が第三セクター等改革推進債（以下「三セク債」）です。北上市は 96 億円
の三セク債を起債し、土地開発公社が金融機関から借りていた長期借入金
を肩代わりしました。

図表 3・20 の修正損益計算書から前後の経緯が読み取れます。

2009 年度（平成 21）まで、自治体固有の借入金の地方債現在高とは別
の「隠れ債務」として土地開発公社の負担見込額が 97 ～ 98 億円計上され

図表 3・20　北上市の修正損益計算書

単位：百万円	2008 年度	2009	2010	2011	2012
経常収入	26,037	27,908	28,624	29,804	29,752
経常支出	22,390	24,187	33,535	24,676	25,189
人件費	5,666	5,229	5,198	5,219	4,789
物件費	4,618	5,030	5,110	5,546	6,061
維持補修費	441	508	540	559	613
扶助費	3,755	3,978	5,373	5,727	5,765
補助費等	4,399	6,094	13,775	3,829	4,149
繰出金	2,721	2,636	2,878	3,033	3,117
支払利息	791	712	661	764	697
経常収支	3,646	3,721	-4,911	5,127	4,563
行政経常収支率（%）	14.0	13.3	-17.2	17.2	15.3
実質債務	50,273	47,925	44,593	40,957	37,292
地方債現在高	41,935	40,311	48,679	46,858	44,731
債務負担行為の支出予定額	988	908	765	627	543
公営企業の資金不足額	650	627	664	255	5
公営事業の資金不足額	17	0	0	0	0
土地開発公社の負担見込額	9,890	9,718	105	0	0
積立金等	3,208	3,639	5,621	6,783	7,987
実質債務月収倍率（月）	23.2	20.6	18.7	16.5	15.0
債務償還可能年数（年）	13.8	12.9	-	8.0	8.2

（出典：総務省「地方財政状況調査」から筆者作成）

ていました。土地開発公社の借入に対し北上市が債務保証していたからです。2010年度（平成22）、三セク債を起債したため地方債現在高が急増しています。三セク債による弁済は補助費等に反映しています。その結果、土地開発公社の負担見込み額が解消しました。地方債現在高に振り替わり、土地開発公社に対する将来負担が顕在化した格好です。同年度の経常収支は一過的に赤字となりましたが翌年度には黒字転換し、その前の年度の水準を上回りました。地方債の約定弁済が始まり、実質債務月収倍率は順調に低下しています。債務償還可能年数は2011年度（平成23）に10年を下回る良好水準となりました。

　このように第三セクター等の将来負担が大きく減少した背景には三セク債の存在もありました。2009年度（平成21）から5年経過後の経過措置を含む2016年度（平成28）までの三セク債の累計は、許可額ベースで都道府県・市町村合わせて214件、1兆828億円ありました。

　肩代わり対象先をみると、最も多かったのが土地開発公社でした。133件6,220億円でした。許可件数、許可額ともに全体の過半を占めています。1位と差が開きますが、2位が森林公社、農林公社その他農林分野の三セクで11件910億円。3位が公立病院の19件528億円でした。

4

悪化の兆候をみつける意義

① 黒字倒産の危機はなぜ起こったか

　第２章で説明した経常収支比率や将来負担比率など従来の指標では財政悪化の兆候が掴み切れないケースがあります。

　2019 年（平成 31）に財政非常事態宣言を発令した宮城県涌谷町はまさにその典型といえます。発令のほんの２カ月半前の監査では問題なしの評価を得ていました。そうした中の非常事態宣言に周囲は寝耳に水の反応でしたが、修正損益計算書を用いたキャッシュフロー分析指標には数年前から悪化の兆候が表れており、ヒアリング調査では将来見通しにかかる「留意すべき状況」を指摘されていました。

　本項では、従来指標とキャッシュフロー分析指標とで判断が分かれた涌谷町の事例について考えます。

健全性に問題がない中での財政非常事態宣言
──宮城県涌谷町のケース

　2019 年（平成 31）１月、人口１万 6,000 人の宮城県涌谷町が財政非常事態宣言を発令しました。宣言によれば、人口減少による町税等の伸び悩み、社会保障費の大幅な増加、病院事業等への繰出しの増加などを背景に収支悪化。不足を補填するため財政調整基金の取り崩しが続き、このままの状

態が続くと 2 年後に底をつくということでした。

　図表 3・21 の通り、財政調整基金は 2013 年度（平成 25）の 12 億円をピークに減少傾向をたどっています。涌谷町は財政健全化推進計画等を策定のうえ事業再編や施設統廃合、受益者負担の見直しなどに取り組むものとしています。

　財政非常事態宣言の 2 カ月半前、2018 年（平成 30）11 月に涌谷町監査委員から財政健全化審査意見書が提出されました。意見書上は、2017 年度（平成 29）決算の健全化判断比率の水準から健全性に問題ないと評価されていました。

　図表 3・22 から元利返済の負担度を示す実質公債費比率を見ると、3 年連続の上昇とはいえ 12.6％であり、早期健全化基準の 25.0％にはまだ余裕があるように見受けられます。隠れ債務を含んだ実質借入の大きさを示す将来負担比率は 66.3％で早期健全化基準の 350％の 5 分の 1 をさらに下回ります。健全化判断比率をみるかぎり、財務状況は極めて「健全」です。ま

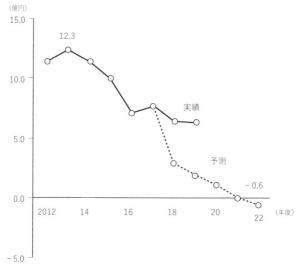

図表 3・21　宮城県涌谷町の財政調整基金の残高推移
（出典：総務省「地方財政状況調査」、涌谷町資料から筆者作成）

た、経常収入に対する経常経費の比率、経常収支比率は94.2%でした。高いほうには違いありませんが、2年連続で改善しています。

キャッシュフロー分析指標からわかる財政危機の兆候

では、財政危機の兆候は決算状況に現れなかったのでしょうか。

キャッシュフロー分析指標を見れば直近年度の財政危機は明らかで、涌谷町の非常事態宣言が時宜を得たものだったと理解できます（**図表 3·22**）。悪化の兆候も数年前からうかがえます。

まず債務償還可能年数を見ると、財政健全化審査意見書で問題なしとされた2017年度（平成29）ですでに17.8年と悪化の目安となる15年を上回っています。実態補正ベースでは20.3年とさらに深刻でした。2018年度（平成30）は63.8年でした。悪化傾向は2012年度（平成24）からだったことがうかがえます。当時から債務償還可能年数は決算書上の原数値から単純に変換したものより補正後のほうが長かったこともわかります。

図表 3·22　宮城県涌谷町の財務分析指標

	2012 年度	2013	2014	2015	2016	2017	2018	2019
従来指標								
実質公債費比率 (%)	10.6	9.6	9.2	10.1	11.4	12.6	12.1	10.5
将来負担比率 (%)	57.6	51.0	56.7	73.8	75.5	66.3	59.6	52.3
経常収支比率 (%)	88.8	94.3	96.7	96.9	94.7	94.2	94.0	91.5
キャッシュフロー分析指標								
債務償還可能年数 (年)	4.9	5.7	6.7	7.4	8.3	17.8	33.1	8.3
同・実態補正後	7.7	7.9	10.7	11.5	9.1	20.3	63.8	
							(当初予測 22.1)	
実質債務月収倍率 (月)	7.2	7.1	8.7	8.7	9.1	9.9	10.3	10.5
同・実態補正後	10.0	9.2	9.5	9.8	9.6	10.3	11.2	
							(当初予測 12.8)	
行政経常収支率 (%)	12.3	10.3	10.8	9.8	9.1	4.7	2.6	10.5
同・実態補正後	10.8	9.7	7.4	7.0	8.7	4.2	1.4	
							(当初予測 1.6)	
積立金等月収倍率 (月)	5.1	5.9	4.0	3.9	3.7	2.9	2.2	2.4
同・実態補正後	3.9	4.2	3.8	3.3	3.2	2.5	1.9	
							(当初予測 1.6)	

(出典：総務省「地方財政状況調査」、財務省「涌谷町財務状況把握の結果概要」から筆者作成。2015年度までの実態補正後の計数および当初予測は平成27年度、16年度以降の実態補正後計数は平成30年度の資料に基づく)

涌谷町の場合、債務償還可能年数の長期化の主な要因は収支悪化です。現金ベース経常利益を意味する経常収支の黒字幅が小さくなってきました。経常収入に対する経常収支の比率である行政経常収支率は原数値、補正後ともに2012年度（平成24）以降低下傾向をたどっています。2018年度（平成30）は実態補正ベースで1.4％と赤字寸前まで落ち込みました。従来指標の経常収支比率は2015年度（平成27）をピークに改善傾向に転じましたが、行政経常収支率は原数値、実態補正ベースともに低下すなわち悪化傾向を示しています。従来指標とキャッシュフロー分析指標が逆の方向を示しています。

　図表3・23は涌谷町の修正損益計算書です。2012年度（平成24）は、東日本大震災に伴う復旧・復興関係の収入および支出が多く原数値に対する補正の幅が大きくなりました。その後の補正幅は年が経つにつれ縮小しています。

　2012年度（平成24）の補正後計数と財政健全化審査意見書の基準年度だった2017年度（平成29）を比べると、主に補助費等、物件費、繰出金の増加によって経常収支の黒字幅が減少したことがわかります。経営不振

図表3・23　宮城県涌谷町の修正損益計算書

単位：百万円	2012 年度 原数値	2012 年度 補正後 A	2017 年度 原数値	2017 年度 補正後 B	5 年前比 B-A	2018 年度 補正後	2019 年度 原数値
経常収入	6,390	5,642	5,969	5,921	279	5,778	6,205
経常支出	5,601	5,031	5,690	5,669	638	5,694	5,552
人件費	1,312	1,311	1,262	1,262	-49	1,221	1,208
物件費	1,180	779	984	976	197	963	1,105
扶助費	838	837	929	928	91	902	946
補助費等	1,231	1,071	1,378	1,366	295	1,810	1,532
うち病院	321	x	400	x	-	336	244
うち下水	-	-	-	-	-	300	240
繰出金	860	860	1,019	1,019	159	696	680
うち下水	258	x	353	x	-	-	-
国保 / 介護	365	x	454	x	-	x	437
経常収支	789	611	278	252	-359	85	654
実質債務	3,837	4,723	4,943	5,131	408	5,402	5,407
積立金等	2,712	1,826	1,464	1,276	-550	950	1,227

（出典：総務省「地方財政状況調査」、財務省「涌谷町財務状況把握の結果概要」から筆者作成。2018 年度の下水道事業に対する補助費等は原数値。前年度まで繰出金に計上されていたものが振り替わった）

図表 3-24　涌谷町国民健康保険病院の損益計算書

単位：百万円	2012 年度	2017	2018	2019
医業収益	2,012	1,793	1,564	1,645
他会計負担金 A	162	88	88	71
医業費用	2,132	2,091	1,998	1,986
職員給与費	1,010	1,043	1,021	1,010
減価償却費	93	120	114	121
医業利益		-299	-435	-341
医業外収益	145	256	250	205
他会計補助金 B	35	68	77	51
他会計負担金 C	85	149	75	68
医業外費用	92	78	77	70
支払利息	42	18	14	11
経常利益	67	-120	-262	-206
純利益	73	-121	-161	-206
資本的収入				
他会計負担金 D	46	145	147	68
（うち国保負担 E）	7	50	52	14
涌谷町からの繰入 A~D	321	400	336	244

（出典：総務省「地方公営企業決算状況調査」から筆者作成）

の国保病院に対する赤字補填が補助費等を押し上げています（**図表 3-23、3-24**）。交付税など国の財源措置の対象外の繰出しが多いことも特徴です。物件費の増加には小中学校の統廃合に伴うスクールバスの運行、臨時教員の採用等が影響しました。子育て関連の経費は扶助費を押し上げています。繰出金は下水道事業、国民健康保険、介護保険事業に対するものが増えました。直近は復興交付金が無くなったことも響きました。

診断表が指摘していた財政危機の予兆

　財務省は 2016 年末（平成 28）に涌谷町にヒアリング調査をしていました。本書で取り上げた補正後計数は涌谷町の診断表から引用したものです。町に翌年交付された診断表を見ると（**図表 3-22 の「当初予測」**）、2018 年度（平成 30）の債務償還可能年数は 22.1 年（15 年度比＋ 10.6 年）、実質債務月収倍率は 12.8 月（15 年度比＋ 3.0 月）、行政経常収支率は 4.8%（15 年度比－ 2.2 ポイント）と各指標で悪化を予測し、債務償還能力については「留意すべき状況」と注意喚起していました。

予測に対し実績は若干厳しい水準でした。債務償還可能年数の予想 22.1 年に対し実績 33.1 年。後の診断で判明した実態補正後は 63.8 年です。実質債務月収倍率は当初予測 12.8 カ月に対し実績 10.3 カ月と予測された増加幅を下回りましたが、行政経常収支率は予想 4.8% をさらに下回る 2.6% となったからです。実態補正ベースではそれぞれさらに厳しく、実質債務月収倍率が 11.2 カ月、行政経常収支率は 1.4% となりました。

　財政非常事態宣言が出されたのは 2018 年度（平成 30）の第 4 四半期でした。年度が終わってみると財政調整基金はたしかに前年度を下回っていましたが、減少幅は宣言を出したときの予測より小さくすみました。

まちの家計簿シミュレーション

　2020 年（令和 2）、診断表を交付した財務省東北財務局が、町の依頼で「涌谷町財政研修会〜まちの家計簿シミュレーション」を開催しました（図表 3·25）。町財政を「家計簿」に見立て、職員を対象に財政の課題を話し合うグループワークです。たとえば、出産祝い金など子育て支援に属する様々な事業メニューをタブレット上で選択。それが経常支出をどれだけ押し上げ、行政経常収支率、最終的に債務償還可能年数にどれだけ響くか、計算結果がタブレットの画面上に表れます。シミュレーションには将来の人口減少等も加味されています。事業と検査値の対応を見ながら町財政の将来について話し合うことで、町財政にかかる理解を深めつつ、コスト意識を醸成する仕組みです。

　その後、財政再建計画を策定しました。策定後に再び東北財務局の財政診断を受けています。財政再建計画を反映しない成り行き予測と財政再建計画反映ケースの 2 通りの予測をしていることが特徴です。問題の収支に着眼すると、成り行き予測の行政経常収支率が 0% なのに対し、財政再建計画を反映した場合は 6.2% に改善する見込みとなっています。ちなみに、計画初年度の 2019（令和 1）は実態補正前の原数値ですが行政経常収支率

図表 3·25　グループワーク用検討アプリ「まちの家計簿シミュレーション」のイメージ

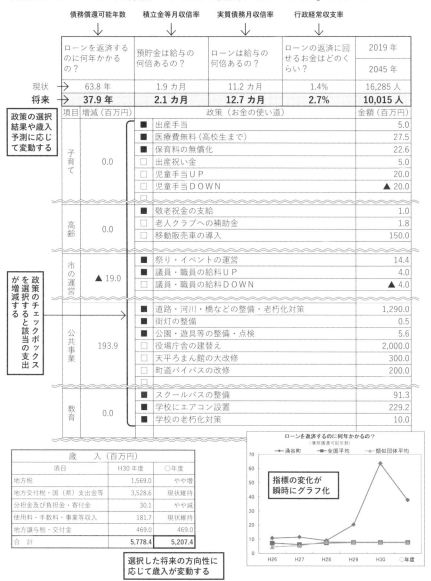

（出典：財務省東北財務局作成のシステムを元に筆者作成。なお図表中の計数は決算データを基に筆者が創作したもの）

が 10.5% と改善。幸先良いスタートとなりました。

 2 **バッファが薄い団体ほど危機に直結する収支の悪化**

財政悪化が疑われる市町村の状況

さて、涌谷町と同じようなケース、すなわちキャッシュフロー分析指標からみて財政悪化が疑われるケースは全国にどれくらいあるでしょうか。

行政経常収支のすべてを、有利子負債から積立金等を控除した実質債務の返済に回したら何年で完済するかを意味する債務償還可能年数。財政悪化が疑われる 15 年以上の市は 2019 年度（令和元）で 122、町村は 114 で、特に町村は 10 年前に比べ大きく増えました（図表 3·26）。その多くは行政経常収支率の低下が要因でした。

しかし、これらすべてが危機的状況というわけではありません。十分な積立水準があれば当面の資金繰りに不安はないでしょう。そこで、債務償還可能年数が 15 年以上の市・町村で、行政経常収支率が 10% 未満、さらに積立金等月収倍率が 3 カ月未満のものに絞り込んでみます。そうすると市が 66 と元の半分強、町村は 25 と 5 分の 1 強になりました。

人間の体と同じくまずは財政体質が問題になります。借入が多いことが即座に資金ショートにつながるわけではありません。まだ「未病」の段階です。借入水準に見合う収支が確保できなくなってくると「収支悪化」です。この段階でも積立余力があればまだ大丈夫です。収支がタイト化している

図表 3·26　財政悪化が疑われる市町村（2019 年度）

	市	町村	合計
債務償還可能年数 15 年以上	122 （09 年度　118）	114 （09 年度　35）	236 （09 年度　163）
行政経常収支率 10 % 未満	116 （09 年度　110）	110 （09 年度　32）	226 （09 年度　142）
積立金等月収倍率 3 か月未満	66 （09 年度　86）	25 （09 年度　19）	101 （09 年度　105）

（出典：総務省「地方財政状況調査」から筆者作成）

中、積立水準が低くリスク耐性に乏しい団体が財政危機につながります。

財務体質が相対的に脆弱な町村の特徴

　次に、財政非常事態宣言を出した頃の涌谷町と同じく債務償還可能年数15年以上、行政経常収支率10％未満かつ積立金等月収倍率3カ月未満の25町村が、その他737町村に比べて何が異なるか調べてみました（**図表3・27**）。なお比較対象から実質無借金の団体を外しています。発電所や大企業など当地特有の収入源が混在するからです。行政経常収入に対する経常経費、行政経常収支の比率の各平均を、悪化25町村とその他737町村に区分のうえ整理しました。2019年度（令和元）における悪化25団体の行政経常収支率は平均5.7％で、その他町村の半分の水準。積立金等月収倍率は2.0カ月とその他町村の4分の1程度です。

　経常経費の内訳をみると、支出が上回っている中で両グループの差が最も大きかったのは扶助費率で悪化25町村はその他町村を6.5ポイント上回っています。これに次ぐのが繰出金率で差は1.7ポイントです。行政経常収入に対する扶助費率は19.9％、繰出金率が14.0％と経常経費に占めるウェイトも大きいです。前述の通り、扶助費は福祉に関する費用ですが、とりわけ児童福祉費の影響が大きいケースが増えています。繰出金は下水道事業や国民健康保険などに対する支出です。

図表3·27　行政経常収入に対する経常経費、行政経常収支の比率

	悪化25町村		その他737町村		差異	
	09年度	19	09	19	09	19
（行政経常収入対　％）						
人件費率	22.4	20.1	21.4	20.2	+1.0	-0.1
物件費率	15.9	19.4	15.5	21.2	+0.4	-1.8
扶助費率	11.9	**19.9**	8.0	**13.4**	+3.9	**+6.5**
補助費等率	19.1	18.8	18.8	18.8	+0.8	+0.0
繰出金率	13.6	**14.0**	11.7	**12.3**	+1.9	**+1.7**
行政経常収支	13.5	**5.7**	21.5	**11.9**	-8.0	**-6.2**
実質債務月収倍率（月）	14.3	14.9	11.2	8.8	+3.1	+6.1
積立金等月収倍率（月）	2.1	**2.0**	5.2	**7.6**	-3.1	**-5.6**

（出典：総務省「地方財政状況調査」から筆者作成）

さて、これら悪化25町村の財務状況は2009年度（平成21）にはどうだったのでしょうか。みると、まず悪化25町村の積立金等月収倍率は2.1カ月と以前から低かったことがわかります。悪化していない町村は5.2カ月で、その後も積立金を増やしています。この間、行政経常収支率は悪化25町村が約58％減、その他町村も約45％減と大幅に低下しています。低下ペースは悪化25町村のほうが早いです。扶助費率の悪化ペースの差が反映しているようです。つまるところ、悪化25町村は以前から財務体質が相対的に脆弱だったとうかがえます。それも扶助費と繰出金に構造的な課題がありました。

資金ショートに至る財政悪化プロセス

　悪化ケースを俯瞰すると、財政悪化した団体は少なくとも10年ほど前には収支構造に問題を抱えており、全体的に収支水準が低下する中、改善が不十分なところから赤字に転落、積立金等を取り崩してやり過ごすものの、元々の積立水準が低い団体から危機的状況に陥るパターンがうかがえます。

　ここから、端的には財政悪化に至るのを防ぐにあたって**喫緊のポイントは収支構造**であることがわかります。収支悪化しても積立余力があるうちは危機に陥りません。何ら手当てせず収支悪化を看過していれば遠からず赤字転落し、積立金が尽きたところで危機に陥ります。借入過多でも返済財源を生み出す力、行政経常収支率が並み以上であれば財政危機に至ることは当面ないでしょう。収支状況が平均を下回る水準に低下し、借金返済のため積立金等を取り崩す局面になったら要注意です。改善しなければ資金ショートまで秒読みの段階になります。

未病の借入過多、兆候の収支悪化、そして末期の金欠病

　資金ショートに至る財政悪化には一定のプロセスが見出せます。第1段

階は借入過多、実質債務月収倍率のようなストック指標です。この段階では財政悪化に至るか至らないかが明確には定まっていません。健康状態にたとえればいわゆる"未病"の段階で、体質改善が求められる時期といえるでしょう。第2段階は収支悪化。行政経常収支率のようなフロー指標で検証しますが、この段階が財政悪化の"兆候"です。

　最後に、収支悪化の状態が数年続くと積立金等が枯渇して資金ショートに至ります。このプロセスが第3段階でいわば末期です。どれくらいで資金ショートに至るかは積立金等の厚みで示される耐久余力次第です。他方、積立金等の厚みは直近年度までの数年来の収支状況の結果でもあります。端的には累積損益を反映しています。こうしたことから、積立金等の厚みを示す積立金等月収倍率は、財政悪化をリアルタイムに示す一致系列でもあります。

　本章で説明した分析の経路を図示すると次のようになります。大項目から中項目、中項目から小項目に分け入り、最後に背景を探ります。改善策の経路は分析と逆になることにもご留意ください。

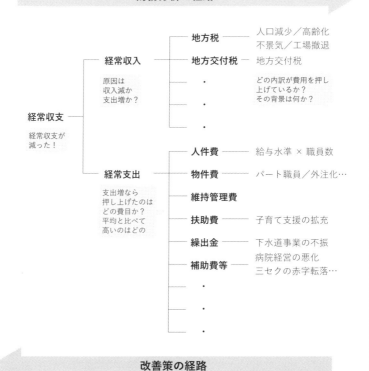

第4章

損益計算書でわかる
地方財政の実態

福祉費で圧迫される自治体財政

① ストック良好だがフローは悪化

　本章では修正損益計算書分析の切り口で地方財政の実態を把握します。第3章では個々の自治体の財政診断、いわばミクロの視点でみてきましたが、本章は1,741市区町村、47都道府県をマクロの視点で俯瞰します。

　分析のバックデータとなる地方財政状況調査表は例年の年末頃に公表されます。令和3年夏の執筆時点の直近年度は2019年度（令和元）です。本章においては決算データをそのまま使用し、いわゆる計数補正はしていない点にご留意ください。

市町村財政のストック面とフロー面

　ストック面とフロー面に分けてみると、とりわけストック面が順調です。償還が進んで借入残高は減少傾向をたどり、積立金等が積み上がっています。図表4・1によれば、積立水準が経常月収の6カ月分以上ある市は2019年度（令和元）で201団体ありました。771ある市の4分の1強で、この10年で倍増しました。町村には積立水準が借入残高を上回る実質無借金となるものも多く、927ある町村の約5分の1、164団体が実質無借金です。こちらも10年前から倍増しました。

　一方、フロー面は若干の懸念があり、収支悪化の傾向がみられます。行

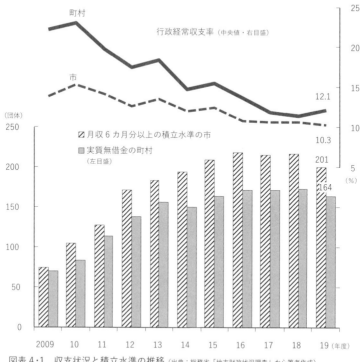

図表 4·1 収支状況と積立水準の推移 （出典：総務省「地方財政状況調査」から筆者作成）

政経常収支率は市、町村ともに低下の一途をたどり、19 年度の中央値は市が 10.3％ と 10 年度に比べ 5 ポイント低下。町村は 12.1％ で 10 年度比 10.9 ポイントも低下しています。

　まとめると、**ストック面は良好なるもフロー面は悪化。ただし内部留保にはそれなりに厚みがあるため財政危機に至る自治体は少数です。** とはいえ以前に比べ収支が低水準であるには変わりなく、今後積立取崩し局面に転じるリスクがあり楽観は禁物、といったところだと思います。

収支の低下が続く市町村

　次に、2019 年度（令和元）における市町村の財務状況クロス図をみてみ

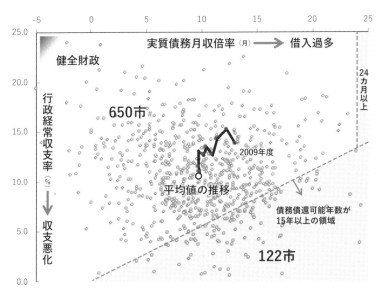

図表 4・2　2019 年度 (令和 1) における政令指定都市除く市の財務状況クロス図
(出典: 総務省「地方財政状況調査」から筆者作成)

ましょう (**図表 4・2**)。ここで政令指定都市と特別区は除きます。

　債務償還可能年数が 15 年を超えた市は 122 ありました。全体の 16%程度です。

　実質債務月収倍率の平均は 9.8 カ月で、行政経常収支率の平均が 10.5%です。この 10 年の間、借入水準は減少傾向、収支状況は低下傾向をたどってきました。

　同じように、町村の財務状況をみてみます (**図表 4・3**)。実質無借金も多い町村は市よりも健全財政です。債務償還可能年数が 15 年以上の町村は 114団体で全体の 12%程度。9 割弱が健全財政の領域に属します。平均は実質債務月収倍率が 5.6 カ月、行政経常収支率が 12.2% でした。10 年前は実質債務月収倍率の平均が 9.5 カ月で行政経常収支率が 22.1% でしたので、この 10 年間で借入水準は 4 割弱減少しました。

　他方、行政経常収支率は 4 割以上低下しています。借入水準の減少、収

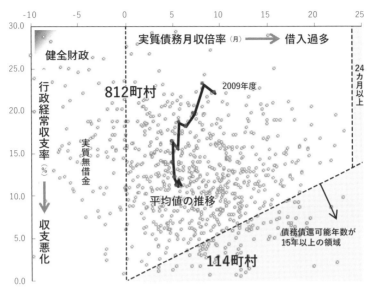

図表 4・3　2019 年度 (令和 1) における町村の財務状況クロス図
(出典：総務省「地方財政状況調査」から筆者作成)

支状況の低下の方向性は市と同じですが、収支の低下ペースは町村のほう
が早いようです。

② 公共事業による 90 年代の財政悪化

時系列でみる資金運用表

　過去 30 年に遡ってキャッシュフローの流れを俯瞰してみましょう。まず
は一定期間のキャッシュの流れを分析する道具、「資金運用表」を説明しま
す。

　資金運用表はキャッシュフロー計算書を組み替えて作成できます。図表
4・4 の左側の資金の運用がキャッシュアウト、右側の資金の調達がキャッ
シュインを意味し、左右の合計は一致します（A ＝ B）。資金の運用には、
純額ベース建設事業費、投資・出資・貸付金等、基金等の純増があります。

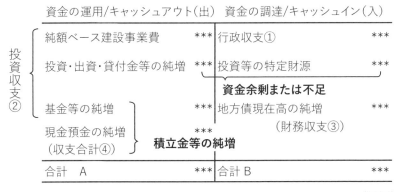

図表 4・4　資金運用表

資金の運用/キャッシュアウト(出)	資金の調達/キャッシュイン(入)
純額ベース建設事業費　　　　　***	行政収支①　　　　　　　　　***
投資・出資・貸付金等の純増　　***	投資等の特定財源　　　　　　***
資金余剰または不足	
基金等の純増　　　　　　　　***	地方債現在高の純増　　　　　***
現金預金の純増　　　　　　　***	（財務収支③）
（収支合計④）　　**積立金等の純増**	
合計　A　　　　　　　　　　***	合計 B　　　　　　　　　　　***

投資収支②

（筆者作成）

建設事業費の「純額ベース」とは建設事業にかかる補助金を控除した純額負担のことです。投資・出資・貸付金等にも補助金等の特定財源があります。純額ベース建設事業費、投資・出資・貸付金等とその特定財源、基金等の純増が行政キャッシュフロー計算書の投資収支にあたります。

　現金預金の純増も含まれます。本書では基金等とまとめて積立金等とします。キャッシュフロー分析指標の1つ、積立金等月収倍率の分子です。

　表の右側の資金の調達の最上段には、行政キャッシュフロー計算書の行政収支があります。これが純額ベース建設事業費の原資となります。そして投資・出資・貸付金等の純増分に充てられます。

　行政収支を純額ベース建設事業費その他に充てて余りが生じたとき、つまり**資金余剰**となった場合は積立金等の純増に回ります。地方債現在高の純減すなわち返済に回ることもあります。

　他方、**資金不足**となれば地方債現在高の純増で手当てします。これは行政キャッシュフロー計算書の財務収支です。積立金等を取り崩すこともあります。

　図表4・5は資金運用表のタテとヨコを入れ替え1990年度（平成2）以降

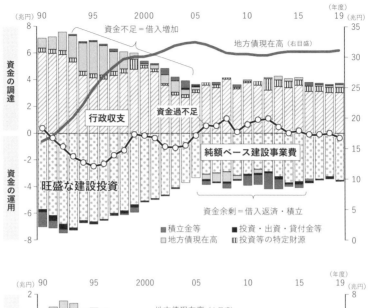

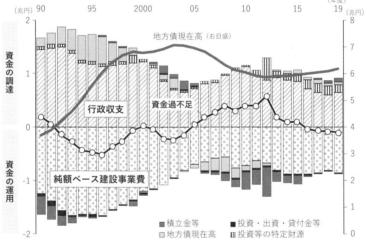

図表 4・5　資金運用表の推移 (上・政令市除く市、下・町村)
(出典：総務省「地方財政状況調査」から筆者作成。算式を巻末注 *10 に記載した)

の時系列に並べたものです。縦軸は資金の増減を示しており、資金運用表でいう調達は資金のプラス、運用はマイナスを意味します。調達と運用は一致するので上下の棒の長さは同じです。グラフは上下対称になります。

現金ベース利益である行政収支を原資とし、純額ベース普通建設事業費に充てる関係が基本形です。投資収支を含め、資金不足の年度は地方債現在高の増加で補塡しています。逆に、資金余剰の年度は積立金等の増加あるいは地方債現在高の減少に回っています。

　なお長期時系列表の作成にあたって計算を簡略化しています。本来、行政収支は経常収支に一過性の特別収支を加減したものですが、本表では地方債現在高、積立金等、投資及び出資金、貸付金等、純額ベース建設事業費から逆算して求めています。計算式は巻末注＊10に示しました。

普通建設事業費の支出が旺盛だった90年代

　政令指定都市を除く市、そして町村の資金運用表の推移をみると、1990年代は純額ベース建設事業費の支出が旺盛だったことがわかります。行政収支で不足する分は地方債現在高の増加分で補っていました。90年初頭のバブル景気、その後の低迷期にかけて自治体の公共事業が盛り上がりをみせていました。

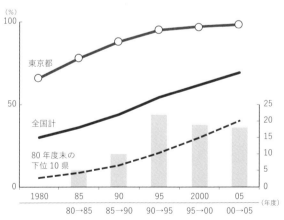

図表4-6　下水道普及率（折れ線グラフ・左軸）と、普及率が5年で2ケタ伸びた道府県の数（棒グラフ・右軸）　（出典：国土交通省資料から筆者作成）

たとえば地方の下水道網が拡大しました。図表 4・6 から下水道普及率の推移をみると、高度成長期に集中整備された上水道に対し、下水道は 1980 年度の段階で 30% の普及率でした。東京都など大都市以外はそれほど普及しておらず、当時の普及率下位 10 県の普及率は 6% 程度でした。その後、普及率は上昇していきました。5 年おきに、直近 5 年間で 2 ケタの上昇幅があった道府県を数えると、これまで最も多かったのは 90 年度から 95 年度に至る 5 年間で、10 ポイント以上の上昇幅があった道府県が 22 ありました。次の 5 年間も 19 府県あり、ふりかえれば**90 年代は下水道の敷設が旺盛だった時期**といえます。

後年破たんが相次いだ観光・レジャー施設が整備されたのもこの頃です。たとえば商業拠点の郊外移転に対抗すべく中心市街地や駅前に再開発ビルが整備されました。2011 年度（平成 23）に調査した第三セクター等の設立年をみると、観光・レジャー関係のボリュームゾーンは 90 年代であることがわかります（**図表 4・7**）。農産物の販売など農林・水産関係や、博物館、体育館、文化ホールなど教育・文化関係の第三セクターの設立も多かったこ

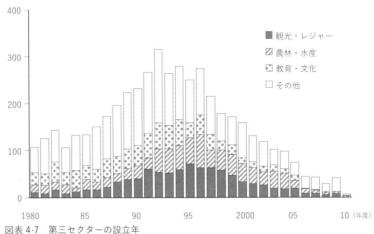

図表 4・7　第三セクターの設立年

(出典：総務省「第三セクター等の状況に関する調査結果」（平成 23 年調査）から筆者作成。地方住宅供給公社、地方道路公社、土地開発公社及び地方独立行政法人を除き、地方公共団体等出資割合が 25% 以上または財政的援助を受けている先)

とがうかがえます。ちなみに道の駅は観光・レジャーと農林・水産に多くが分類されています。

　2000年代の前半まで資金不足期が続き、市、町村ともに借入は増加基調をたどっていました。一方で建設事業は93年度をピークに減少に転じ、ペースを鈍化させながら2010年度前後まで減少傾向をたどります。借入水準は2005年度頃を境に減少に転じました。その後10年程度は資金余剰期となり、借入の圧縮とともに積立金等の積立に回っていました。

③ 自治体の積立金は潤沢なのか

10年で1.5倍に増えた市区町村の基金残高

　2017年（平成29）第7回経済財政諮問会議で、**自治体の基金がここ数年大きく積み上がっている**ことが議論になりました。それを受けその年の11月に総務省から「基金の積立状況等に関する調査結果」が公表されています。2006年度末（平成18）から2016年度末（平成28）までの10年で基金総額が58.4%増加し、増加額は7兆9,439億円だったこと、その主な理由として**公共施設の老朽化対策、不景気による法人関係税収の減少、災害等による不測の出費に備えるため**という回答が多く寄せられたことが説明されました。市町村においては、**平成の大合併に伴う特例措置の終了に備えるため**という回答も少なからずありました。

　さて、実際のところどうだったのでしょうか。資金運用表で検証します。

　調査対象は市区町村ですが、実は東日本大震災の被災地に対する支援金の影響がことのほか大きく、被災3県（岩手県、宮城県、福島県）を計算対象から除くことにします。

　基金の範囲も若干変更しました。前述の「調査結果」によれば、2016年度末（平成28）における市区町村の基金総額は14兆5,690億円で、2006年度末（平成18）の9兆7,254億円に比べると、額にして4兆8,435億円、

約1.5倍の増加となりました。ただ、この数字には一部事務組合等が含まれています。狭義の市区町村を抽出するため、本書では一部事務組合等の分を除くこととします。

　また、基金総額の範囲は決算科目上の財政調整基金、減債基金及び特定目的基金となっていますが、本書ではこれに歳入歳出差引（歳計現金）を加えることにします。修正損益計算書、資金運用表の「積立金等」と範囲を揃えました。

　計算の結果、積立金等の2016年度末（平成28）の残高は14兆3,083億円でした。2006年度末（平成18）は9兆4,779億円だったので、「調査結果」の基金総額と同様に10年で約1.5倍に増えていることがわかります。

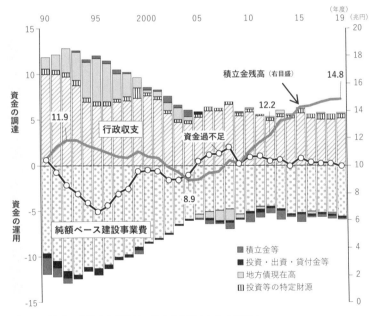

図表4·8　被災3県除く市区町村の積立金等残高と資金運用表
（出典：総務省「地方財政状況調査」から筆者作成）

市区町村におけるキャッシュフロー構造の転換

　すでに政令市を除く市、町村の資金運用表をみましたが、被災地を除いた市区町村でも 30 年来の経緯に変わりありません。**2004 年度（平成 16）を境にキャッシュフロー構造が「資金不足期」と「資金余剰期」の大きく2 つに分かれています**（図表 4·8）。

　資金不足期においては、積立金等が 92 年度末の 11 兆 8,646 億円をピークに減少し、2004 年度末（平成 16）には 8 兆 9,117 億円まで落ち込みました。90 年代は、普通建設事業費が行政収支の水準を上回り、地方債を増やして普通建設事業費に回していました。

　2005 年度（平成 17）以降は資金余剰期といえます。90 年代を通じて建設投資は旺盛でしたが、借入過多の懸念もあって、1993 度（平成 5 年）をピークに純額ベース普通建設事業費は減少局面に入り、2005 年度（平成 17）には行政収支の水準を下回るに至りました。それまで減少基調だった積立金等が増加に転じたのはこの年です。

　それ以降、増加基調をたどっています。2005 年度（平成 17）から 2009 年度（平成 21）までは行政収支の余剰分が地方債の返済にも回されていました。その後、積立金等残高は 2012 年度末（平成 24）年度末に過去ピークを越えます。その後、毎年度ピークを更新し、2019 年度末（令和 1）は 14 兆 8,201 億円となりました。

　このように、資金運用表でみると、とくに **2005 年度（平成 17）以降の基金積み上がりの主な要因は純額ベース普通建設事業費の減少である**とうかがえます。前述の「調査結果」によれば、基金残高の増加要因は税収変動、災害など不測の出費や施設更新費の増大に対する備えという回答が多くありました。もっとも、これは要因というより将来の使い道であり、増加要因といえば建設投資の抑制ということになるでしょう。

鈍化しつつある積立金の増加ペース

　基金が積み上がったのはなぜか。これに対する一応の結論はわかりましたが、これは市区町村の基金の総合計に着眼したものです。個々の団体、団体区分別にみれば別の事情があります。後述しますが、一般的に小規模団体、とくに町村は財政規模に比べた積立金等が潤沢です。実質無借金団体が多いことからも想像できます。しかし、いかんせん財政規模が小さいので、すべて集めても市区町村全体の積立水準の押し上げ要因としては弱いです。他方、積立金等の実額は政令指定都市はじめ大都市が大きいです。市区町村全体の積立水準の押し上げには貢献しますが、**財政規模が大きいため、個々の団体にしてみれば、十分なバッファがあるとは限りません。**

　市区町村全体でみれば基金が積み上がっているのは事実ですが、個々の自治体の財政状態に余裕があるかについては別途見極める必要があると考えられます。

　言うまでもなく積立金等の今後の見通しは不透明です。積立金等の水準は直近も増加基調を継続していますが、ペースは鈍化しており、直近年度はほとんど横ばいです。足下ではコロナ禍で基金を取り崩した自治体が少なくありません。

　純額ベース普通建設事業費の動向も気になります。2011年度（平成23）の4兆4,347億円を底に増加に転じ、その後も漸増しています。**インフラ老朽化の問題を考えると今後再び減少基調に転じる可能性は低い**と思われます。

都道府県の台所事情

① 建設事業がもたらした過剰債務

迫られた収支改善

資金運用表で個々の自治体を分析してみましょう。

まずは2019年（令和元）に行財政改革行動計画を公表した新潟県のケースです。このままでは数年内に財源対策的基金が枯渇するという現状認識を踏まえ、補助金や公共事業などの原則10%縮減、人件費カット、県立病院の経営改善など財政改革に取り組むものです。2020年度（令和2）から4年間にわたって最大640億円（年平均160億円）の収支改善を目指します。

行動計画では、2006年（平成18）2月改訂以降の経済の見通しの甘さを指摘しています。3%前後と高めの経済成長率の想定の下、税収入の伸びを見込み、通常の地方債に加えて資金手当債を導入。県経済の成長を促すためとして積極的な財政支出を維持していました。実際の経済成長率は最大でも1.7%と予想を下回っていました。全国より早いペースの人口減少もあって税収入は期待したようには伸びませんでした。

キャッシュフロー分析でみる悪化要因

新潟県の財政悪化要因をキャッシュフロー分析の切り口で考察します。2019年度（令和元）の債務償還可能年数は22.3年、積立金等月収倍率は

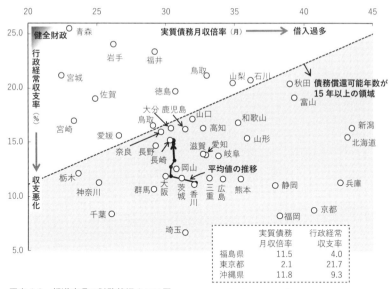

	実質債務 月収倍率	行政経常 収支率
福島県	11.5	4.0
東京都	2.1	21.7
沖縄県	11.8	9.3

図表 4·9　都道府県の財務状況クロス図 (2019 年度 (令和 1)) (出典：総務省「地方財政状況調査」から筆者作成)

1.8 カ月とたしかに厳しい。行政経常収支率は 16.3% で都道府県の平均の 15.1% を上回っています。他方、実質債務月収倍率は 43.5 カ月とたいへん高く、行政経常収支の水準にかかわらず借入過多です。

　もっとも、市町村に比べると都道府県の借入水準はおしなべて高いです。平均水準で 30.6 カ月です。借入高水準の目安の実質債務月収倍率が 24 カ月未満のものはクロス図の欄外の東京都、福島県、沖縄県の他、青森県、宮城県、宮崎県、栃木県の 7 都県です。

　そうした中でも新潟県は相対的に高く、実質債務月収倍率は 47 都道府県で第 1 位です。推移をみると、2004 年度 (平成 16) と 2007 年度 (平成 19) に急増していますが、これは震災に伴う復興基金を組成するための転貸債です。2004 年度に 3,000 億円、2007 年度に 1,600 億円を借入れ、それぞれ 2014 年度 (平成 26)、2012 年度 (平成 24) に完済しています。

　図表 4·10 は都道府県における、経常月収 (経常収入 ÷ 12) に対する地

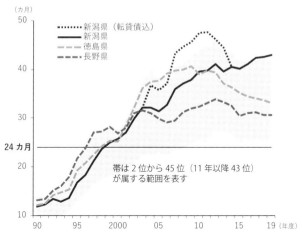

（カ月）
.... 新潟県（転貸債込）
―― 新潟県
---- 徳島県
-- - 長野県

24カ月

帯は2位から45位（11年以降43位）
が属する範囲を表す

90　　95　　2000　　05　　10　　15　　19（年度）

図表4·10　経常月収に対する地方債現在高の比率
（出典：総務省「地方財政状況調査」から筆者作成）

方債現在高の比率の推移です。新潟県の転貸債は特殊要因なので転貸債の
影響を加減した地方債現在高を比較対象としました。それでも新潟県の借
入水準が一貫して増加傾向をたどっていたことがわかります。90年代半ば
こそ平均並みでしたが2000年頃を境に上位10位前後で推移しています。
1位になったのは2017年度（平成29）です。

地方債の返済難

　次に新潟県の資金運用表を検証します（**図表4·11**）。資金運用表からうかが
えるのは、**純額ベース普通建設事業費を行政収支の範囲内に抑えれば借入
が増えることはない**、ということです。民間企業の設備投資でも、その上
限はフリーキャッシュフローが目安とされます。行政収支はフリーキャッ
シュフローに相当します。

　図表4·11をみると、新潟県の場合、90年代の大半において普通建設事
業費は純額ベースで3,000億円を超えていました。行政収支では足りず地
方債の起債で賄っていました。その後漸減し10年度以降は1,300億円前後

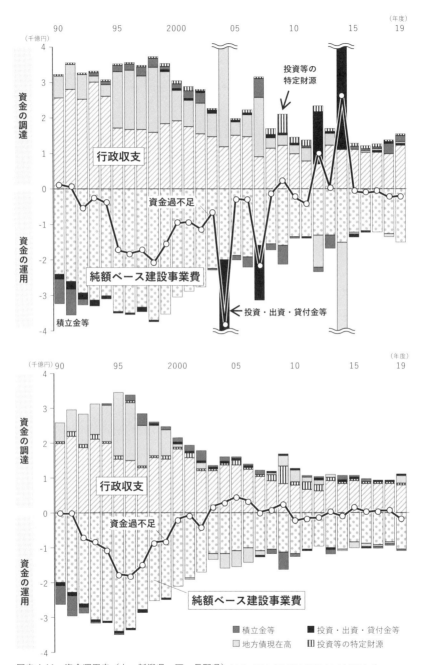

図表 4-11　資金運用表（上・新潟県、下・長野県）（出典：総務省「地方財政状況調査」から筆者作成）

で推移しますが、それでも各年度の行政収支の水準を上回っていることがわかります。地方債の返済に資金が回ることはなく、ここ5年度は積立金等の取崩しも生じています。

建設事業費への切り込みがカギ

借入過多で現在第1位は新潟県ですが、1995年度（平成7）の第1位は長野県でした。翌年度以降は阪神・淡路大震災の影響で借入急増した兵庫県に次ぐ2位でしたが、90年代は長野県の借入が高水準でした。長野県は新潟県と人口、財政規模、面積で似通っています。

長野県の借入の背景には長野五輪の開催準備がありました。借入過多を問題視した長野県は財政改革に着手し、借入水準が全国1位となった翌年、1996年度（平成8）は普通建設事業費が減少に転じました。その後の8年で3分の1になり、2003年度（平成15）には行政収支の余剰を地方債の純減に回せるようになりました。2007年度（平成19）以降、行政収支と普通建設事業費は均衡状態をほぼ保っています。地方債現在高は1,500億円台で推移しており、かつて危機的とされた財政も今や借入水準の低いほうから上位3分の1となりました。

減少に転じた時期は様々ですが、借入水準を下げることができたケースは、建設事業を縮減し行政収支の範囲におさめ、余剰を地方債の純減に充てる経過をたどっています。図表4・10の徳島県もこのケースです。

もっとも、新潟県で建設事業の縮減ペースが鈍かった背景には、新潟県に特徴的な経済構造も考えられます。平成27年国勢調査（2015年）によれば、常住就業者のうち建設業の割合が福島、宮城、岩手の東日本大震災の被災3県に次ぐ4位です。以前から建設業は産業構造の中で高いウェイトを占めていました。

他方、借入圧縮に成功した長野県です。2003年（平成15）の財政改革推進プログラムには「公共事業により『社会保障』を行う歳出構造から脱却」

という大胆な一節があります。雇用対策としての公共事業には財政上の限界があるのは明らかです。**財政改善は、移出型産業の育成や企業の促進など、移転財源に頼らない自立的な経済構造への転換と一体で進めるのが良いことを示唆します。**

❷ 積立基金の増加以上に膨らむ借入金

倍増した積立基金

　地方自治体の積立基金がここ 10 年の間でかなり増え、財政の余裕の表れと思われている節がありますが、こと都道府県に関してはそうでもなさそうです。

　市区町村と同じく、財政調整基金、減債基金、特定目的基金に歳入歳出差引（歳計現金）を加えた「積立金等」にかかる 20 年間の推移をみてみましょう（**図表 4・12**）。総務省の地方財政状況調査（決算統計）のデータを積み上げると、2016 年度末（平成 28）における都道府県の積立金等残高は 9 兆 3,832 億円でした。10 年前、2006 年度末（平成 18）の残高が 4 兆 7,920 億

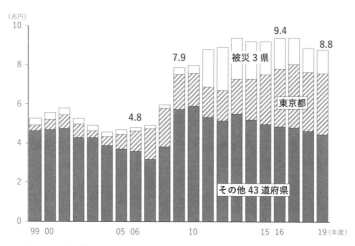

図表 4・12　都道府県の積立金等残高（出典：総務省「地方財政状況調査」から筆者作成）

円でしたので、確かに2倍近く増えています。

増加幅の半分は東京都

しかし、**都道府県別にみると財政の余裕が増えたというわけではなさそ**うです。2006年度末（平成18）から10年の積立金等の増加をみると、2009年度（平成21）に大きく増えています。決算統計を調べると、国庫支出金を財源とした積み増しが2兆3,453億円ありました。いわゆるリーマン・ショックの余波で地方税収が急減した時期です。矢継ぎ早に打ち出された国の経済対策の一環で地方向けに補助金が供給され、翌年度以降に繰り越しとなった分が積立に回ったと考えられます。また、2011年度（平成23）には東日本大震災の緊急対策がありました。図表4・12では岩手県、宮城県、福島県の3県を被災3県として区分しました。

東京一極集中の影響も顕著です。都道府県全体に占める東京都のシェアは大きく、年々拡大しています。2006年度（平成18）に21.4%でしたが、2019年度（令和元）には35.8%となっています。東京都及び被災3県を除くと、2006年度（平成18）から2016年度（平成28）への伸びは35%程度になります。2019年度（令和元）と比べれば23%程度です。経済対策で一過的に増えた積立金の取り崩しが進み、直近10年に限れば減少傾向をたどっています。比較対象をどこに置くかによって評価は変わりますが、いずれにせよ、東京都、被災3県など例外を除き、一般論としては**道府県の財政は積立金等の表面上の伸びのようには楽観視できない**ものと思われます。

積立基金以上に増えた借入金

また、都道府県の積立金等は実額でみれば大きいものの、それぞれの団体の財政規模も市区町村に比べ大きいことを考慮に入れなければなりません。2019年度、東京都の積立金等は都道府県の全体の3分の1を上回りま

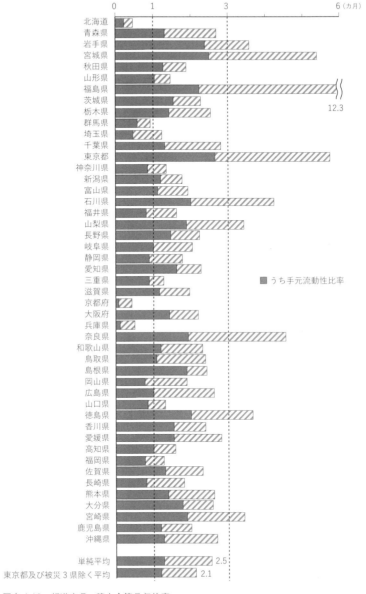

```
                     0    1            3                  6 (カ月)
北海道       ▨
青森県       ▨▨▨▨▨▨
岩手県       ▨▨▨▨▨▨▨
宮城県       ▨▨▨▨▨▨▨▨
秋田県       ▨▨▨▨▨
山形県       ▨▨▨▨
福島県       ▨▨▨▨▨▨▨▨▨▨▨▨▨▨  12.3
茨城県       ▨▨▨▨▨▨▨
栃木県       ▨▨▨▨▨▨
群馬県       ▨▨
埼玉県       ▨
千葉県       ▨▨▨▨▨
東京都       ▨▨▨▨▨▨▨▨▨▨▨▨
神奈川県     ▨
新潟県       ▨▨▨▨
富山県       ▨▨▨▨
石川県       ▨▨▨▨▨▨▨▨
福井県       ▨▨
山梨県       ▨▨▨▨▨▨▨
長野県       ▨▨▨▨▨
岐阜県       ▨▨▨▨▨
静岡県       ▨▨▨
愛知県       ▨▨▨▨
三重県       ▨▨
滋賀県       ▨▨▨
京都府       ▨
大阪府       ▨▨▨▨
兵庫県       ▨
奈良県       ▨▨▨▨▨▨▨
和歌山県     ▨▨▨▨
鳥取県       ▨▨▨▨▨
島根県       ▨▨▨▨▨
岡山県       ▨▨▨
広島県       ▨▨▨▨▨
山口県       ▨
徳島県       ▨▨▨▨▨▨
香川県       ▨▨▨▨
愛媛県       ▨▨▨▨▨
高知県       ▨▨
福岡県       ▨▨
佐賀県       ▨▨▨▨
長崎県       ▨▨
熊本県       ▨▨▨▨▨
大分県       ▨▨▨▨▨
宮崎県       ▨▨▨▨▨▨▨
鹿児島県     ▨▨▨▨
沖縄県       ▨▨▨▨▨

単純平均       ▨▨▨▨  2.5
東京都及び被災3県除く平均  ▨▨▨  2.1
```

■ うち手元流動性比率

図表 4-13　都道府県の積立金等月収倍率 （出典：総務省「地方財政状況調査」から筆者作成）

すが、財政規模も大きいため、経常収入の何カ月分あるかでバッファの厚みを示す積立金等月収倍率は 5.7 カ月です。余裕は確かにありますが、極端に大きいわけではありません。

　図表 4·13 は 2019 年度の都道府県の積立金等月収倍率です。積立金等のうち現金預金（歳入歳出差引、財政調整基金、減債基金）を抽出し、手元流動性比率を区分しました。これをみると、被災 3 県、東京都を除き、3 カ月を下回る道府県が 38 団体と多いことがわかります。積立金等月収倍率の平均は単純平均で 2.5 カ月、東京都及び被災 3 県を除くと 2.1 カ月です。

　手元流動性比率をみると、民間企業でも 1 カ月ないと資金繰りが忙しくなりますが、道府県ではその 1 カ月未満が 14 団体あります。借入過多になっている道府県が多く、返済負担が資金繰りを圧迫しているものと思われます。

3

実は資金繰りが厳しい政令指定都市

❶ 規模の割には大きくない「内部留保」

　平成29年第7回経済財政諮問会議で、基金積立高の、被災地を除く上位30市区町村が示されました。第1位が大阪市で、他にも神戸市（14位）以下6つの政令指定都市がランクインしています。

　財政規模が大きいため、たしかに実額は多く潤沢にみえますが、財政規模に比べた分析指標として考えれば、ランキングから受ける印象とはまた別の意味を持つように思われます。政令指定都市の積立水準が高いとは言

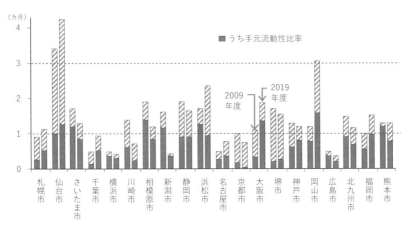

図表 4・14 政令指定都市の積立金等月収倍率 (2019年度（令和1）)（出典：総務省「地方財政状況調査」から筆者作成）

い切れません。

　図表4・14は政令指定都市20市の積立金等月収倍率です。例によって財政調整基金、減債基金、歳入歳出差引（歳計現金）を加えたものを「現金預金」、これに特定目的基金を加えたものを「積立金等」とし、それぞれ経常月収の何カ月分あるかによって、手元流動性比率、積立金等月収倍率を求めています。

　これによれば大阪市の直近水準は1.9カ月と10年前の1.1カ月に比べれば大きく改善していますが、積立低水準の1つの目安となる3カ月をまだ下回っています。平均は1.4カ月で、20市のうち3カ月以上は仙台市と岡山市の2つという点から、一般論として政令指定都市の財政は厳しいと考えられます。1カ月分を切る手元流動性比率の市においては資金繰りに苦労する様子もうかがえます。

◆**ワンポイント：企業会計の内部留保と自治体の基金**

　自治体の基金ないし積立金ですが、その現物が現金預金であるとは限りません。そう考えてみると、自治体の基金・積立金はどちらかといえば企業会計でいう内部留保に近い概念です。内部留保も現物が現金預金とは限りません。企業の貸借対照表の純資産の部に計上される利益剰余金の内訳に利益積立金、減債積立金、建設改良積立金などがあります。会社法では利益配当にあたって配当金額の10分の1以上を一定額に達するまで積み立てなければなりません。決算剰余金が生じた場合、その2分の1以上を積み立てなければならない歳計剰余金の制度に通じます。

　また、自治体の特定目的基金でも、老朽化する公共施設の改良工事や更新に充てることを目的とした基金を設定しているケースが多いです。積立金等の水準を過去の収支状況の結果と考えれば、積立金等月収倍率を長期的な財務分析指標とするのも合点がいきます。

---

❷ 財務状況クロス図からみた政令指定都市の財政

政令指定都市の財務状況

政令指定都市の財務状況クロス図（**図表 4·15**）をみてみましょう。統計データを直接変換した計数補正なしの数値で、債務償還可能年数が 15 年未満が 6 市、15 年以上が 14 市あります。

財政悪化が疑われる政令市の中でも借入過多タイプか収支悪化か、その両方の場合どちらにウェイトがあるのかの別があります。京都市や北九州市は借入過多、堺市や川崎市は収支悪化がより重要な課題とうかがえます。

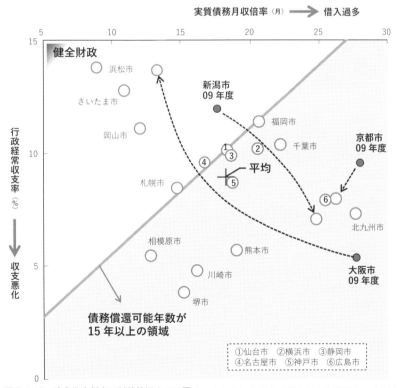

図表 4·15　政令指定都市の財務状況クロス図（2019 年度（令和 1））（出典：総務省「地方財政状況調査」から筆者作成）

図表 4・15 は直近年度の状況であって、すべての政令市で以前から現在の状況だったとは限りません。改善したケースもあれば悪化したケースもあります。この 10 年に絞れば改善したケースで顕著なのは大阪市です。指標が悪化したケースの 1 つに新潟市があります。また、10 年前から継続して財政悪化の状態とうかがえるのが京都市です。

大阪市の財政

はじめに大阪市をみてみましょう。大阪市は 2009 年度（平成 21）から 2019 年度（令和元）にかけて大幅に財政が改善しました。クロス図の右下から左上に移動していることからもうかがえます。(**図表 4・15**)。

　債務償還可能年数は 43.1 年だったのが 8.2 年になりました(**図表 4・16**)。この間、行政経常収支率は 5.4% から 13.6% に上昇。実質債務月収倍率は 27.8 カ月から 13.4 カ月に半減しています。経常収入に対する支出の構成比をみると、補助費等が大幅に削減されているのがわかります。2006 年度（平成

図表 4・16　大阪市の修正損益計算書

単位：百万円、%	2009 年度		2019 年度		増減	
	金額	構成比	金額	構成比	金額	増減率
経常収入	1,227,698	100.0	1,511,891	100.0	284,193	23.1
経常支出	1,161,745	94.6	1,306,272	86.4	144,527	12.4
人件費	243,904	19.9	304,487	20.1	60,584	24.8
物件費	105,423	8.6	118,396	7.8	12,973	12.3
維持補修費	17,610	1.4	19,739	1.3	2,129	12.1
扶助費	426,249	34.7	572,052	37.8	145,803	34.2
補助費等	217,372	17.7	119,575	7.9	-97,797	-45.0
うち病院	10,500	0.9	0	0.0	-10,500	-100.0
一部事務組合	396	0.0	7,274	0.5	6,878	-
繰出金	101,456	8.3	150,531	10.0	49,075	48.4
支払利息	49,732	4.1	21,492	1.4	-28,240	-56.8
経常収支	65,953	5.4	205,619	13.6	139,666	211.8
実質債務	2,841,856		1,684,759		-1,157,097	-40.7
積立金等	34,636		169,031		134,395	388.0
実質債務月収倍率 (月)	27.8		13.4		-14.4	
積立金等月収倍率 (月)	1.1		1.9		0.8	
債務償還可能年数 (年)	43.1		8.2		-34.9	

（出典：総務省「地方財政状況調査」から筆者作成）

18）の市政改革基本方針以来、財政改革を進め、外郭団体や補助金を抜本的に見直すなどして、経費削減を実現しています。目を見張るのは実質債務の削減です。普通建設事業費の抑制で金額にして4割減らしました。そして積立金等は5倍弱になりました。

　ちなみに、政令指定都市は2017年度（平成29）から教職員の給与を人件費に計上しています。そのため人件費とその分の国庫負担金が両建てで増加している点に注意してください。従来は他の市町村と同じく政令指定都市の教職員も都道府県の人件費に計上していました。修正損益計算書をみるにあたっては、科目の実額と構成比の両方をみるようにしましょう。もっとも、こうした制度変更の有無にかかわらず、実額と構成比の両方をみるのは財政分析のコツの1つです。

　資金運用表をみると、ここ30年の大阪市の資金の動きがわかります（図

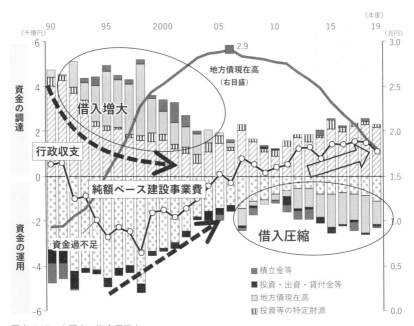

図表4·17　大阪市の資金運用表（出典：総務省「地方財政状況調査」から筆者作成）

表4·17)。90年代、行政収支の水準を超える普通建設事業費の支出がありました。その後、2000年代前半にかけて急減しています。2006年度（平成18）以降の財政改革期以降も削減の手を緩めず、行政収支の改善とともに余剰を借入返済に充てていることがうかがえます。積立金等も積みあがってきました。

京都市の財政

2021年（令和3）8月に、京都市は行財政改革計画を公表しました。向こう5年間で2,800億円の財源不足が発生し、2024年（令和6）に公債償還基金が枯渇する見込みの下、1,644億円以上の財源を捻出する計画です。人件費や補助費等の見直し、市債の発行額の抑制を実施する予定です。

修正損益計算書をみると、債務償還可能年数は10年前も24.6年と長いことがわかります（図表4·18）。以来、改善することなく直近も27.7年となっています。行政経常収支率も同様で、10年前の時点で10%を割り込んでいます。この10年で経常収入に対する人件費や扶助費の割合が増えました。

図表4·18 京都市の修正損益計算書

単位：百万円、%	2009年度		2019年度		増減	
	金額	構成比	金額	構成比	金額	増減率
経常収入	524,791	100.0	618,769	100.0	93,978	17.9
経常支出	474,881	90.5	569,917	92.1	95,035	20.0
人件費	121,966	23.2	166,513	26.9	44,547	36.5
物件費	50,302	9.6	57,219	9.2	6,917	13.8
維持補修費	8,860	1.7	8,589	1.4	-271	-3.1
扶助費	153,487	29.2	212,274	34.3	58,787	38.3
補助費等	72,373	13.8	54,689	8.8	-17,684	-24.4
繰出金	46,982	9.0	59,825	9.7	12,843	27.3
支払利息	20,912	4.0	10,807	1.7	-10,104	-48.3
経常収支	49,910	9.5	48,852	7.9	-1,057	-2.1
実質債務	1,225,526		1,354,655		129,130	10.5
積立金等	7,546		2,596		-4,950	-65.6
実質債務月収倍率（月）	28.0		26.3		-1.7	
積立金等月収倍率（月）	1.0		0.8		-0.2	
債務償還可能年数（年）	24.6		27.7		3.2	

（出典：総務省「地方財政状況調査」から筆者作成）

ただ、元々政令指定都市は行政経常収支率の平均が低く、2019年度（令和元）の20政令市の平均で9.0％となっています。この水準を念頭に置けば京都市が特別に低いとまではいえません。

　京都市の場合、より深刻なのは借入水準です。実質債務月収倍率は10年前ですでに28カ月でした。直近26.3カ月と若干低くなりましたが、比率の分母すなわち経常収入が大きくなったためと考えられます。借入自体は依然として高水準で、債務過多の状態です。

　京都市の資金運用表をみてみましょう（**図表4・19**）。まず、借入過多の要因は90年代に求められそうです。JR山陰本線の高架化や梅小路公園整備など平成初期の公共投資が嵩みました。地下鉄東西線に対する財政支援のための地方債もありました。

　2000年代半ばまでは大阪市と同様に京都市も資金不足で借入が増加しました。ただし、2006年度にピークを迎えた大阪市とは違って京都市は借

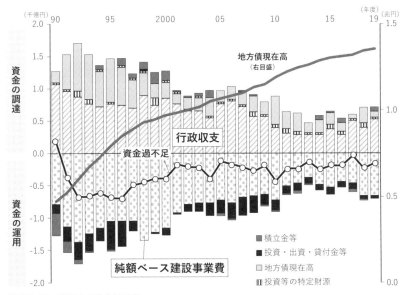

図表4・19　京都市の資金運用表（出典：総務省「地方財政状況調査」から筆者作成）

入増が続いています。一貫して資金不足の状況です。純額ベース建設事業費をみると、直近2年度は若干増えていますが、2011年度（平成23）から2017（平成29）までの500億円弱はピークの4割の水準まで減らしています。にもかかわらず投資・出資・貸付金に対する支出が多いこと、純額ベース建設事業費の減少ペースが大阪市に比べればだいぶ緩やかであることから、行政収支に対する資金不足の状態が解消しません。

新潟市の財政

　最後に新潟市です。2018年度（平成30）予算案の説明で、政令市移行前に比べ基金残高が10分の1以下に落ち込んだことを受け、持続可能な財政運営の限界との認識を示しています。財政改革に向け、1,194事業にわたって集約化や整理統合、補助金等の削減を検討のうえ、一般財源ベースで約44億円分の圧縮策をまとめました。

　新潟市の場合、10年前の財政はまずまず良好でした（**図表4・20**）。債務償還可能年数は12.3年、行政経常収支率は12.0％、実質債務月収倍率は17.7カ月でした。健康診断になぞらえれば正常高値といったところです。それが、

図表4・20　新潟市の修正損益計算書

単位：百万円、％	2009年度		2019年度		増減	
	金額	構成比	金額	構成比	金額	増減率
経常収入	257,617	100.0	303,649	100.0	46,031	17.9
経常支出	226,825	88.0	282,308	93.0	55,483	24.5
人件費	55,011	21.4	87,930	29.0	32,919	59.8
物件費	41,033	15.9	46,842	15.4	5,809	14.2
維持補修費	7,484	2.9	4,968	1.6	-2,516	-33.6
扶助費	48,630	18.9	81,398	26.8	32,769	67.4
補助費等	47,766	18.5	29,788	9.8	-17,978	-37.6
繰出金	20,452	7.9	27,544	9.1	7,092	34.7
支払利息	6,449	2.5	3,837	1.3	-2,612	-40.5
経常収支	30,792	12.0	21,341	7.0	-9,452	-30.7
実質債務	379,530		630,201		250,670	66.0
積立金等	24,664		9,151		-15,514	-62.9
実質債務月収倍率（月）	17.7		24.9		7.2	
積立金等月収倍率（月）	1.6		0.4		-1.2	
債務償還可能年数（年）	12.3		29.5		17.2	

（出典：総務省「地方財政状況調査」から筆者作成）

直近の 2019 年度（令和元）は債務償還可能年数が 29.5 年となりました。行政経常収支率は 7.0％ と 1 桁台になっています。経常収入が増えましたが、それ以上に人件費や扶助費などの経常支出が増えています。

資金運用表をみてみましょう**（図表4·21）**。他の自治体と同じく 90 年代は普通建設事業費の支出が旺盛で、行政収支で不足する分を地方債の発行で埋めていました。2000 年代にかけて建設事業費を抑制しています。

しかし、2006 年度（平成 18）頃から再び増え始めます。とくに 2010 年度（平成 22）以降は行政収支が低迷。普通建設事業費の抑制がそれより遅れたため資金不足が拡大し、地方債の発行が増えています。背景には 2007 年度（平成 19）の政令指定都市への昇格や中越沖地震による整備事業の拡大があったと考えられます。

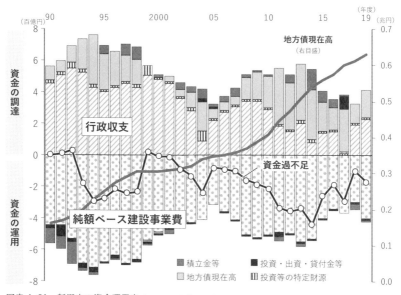

図表 4·21　新潟市の資金運用表 (出典：総務省「地方財政状況調査」から筆者作成)

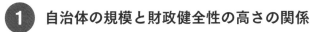

4.

補助金への依存度は高いが健全な小規模自治体

① 自治体の規模と財政健全性の高さの関係

　自治体版の損益計算書からは、**自治体の規模が小さいほど財政の健全性が高い**ことがうかがえます。2019 年度（令和元）の修正損益計算書について、住民 1 人当たりに換算の上で平均を求め、人口規模別に比較してみます（**図表 4·22**）。

図表 4·22　住民 1 人当たり指標値の人口規模別平均

金額単位：千円／人	町村			市		
	5 千人未満	5 千人〜1 万人	1 万人以上	10 万人未満	10 万人以上	政令市
団体数	197	209	400	517	239	20
経常収入	1,091	627	420	417	329	404
うち地方税収の割合（%）	12.1	21.5	33.8	34.3	47.9	51.0
経常支出	943	547	373	370	297	368
人件費	233	127	79	77	58	104
物件費	281	134	83	74	56	51
維持補修費	29	12	6	6	4	7
扶助費	67	68	70	96	103	132
補助費等	210	128	78	64	37	34
繰出金	116	74	54	50	37	35
経常収支	148	80	47	48	32	36
普通建設事業費	332	166	89	81	51	58
実質債務月収倍率（月）	4.2	6.6	7.9	9.8	9.8	18.2
積立金等月収倍率（月）	12.4	9.5	6.6	5.4	3.3	1.4
行政経常収支率（%）	13.2	12.1	10.5	10.8	9.7	9.0
債務償還可能年数（中央値・年）	3.8	5.3	6.9	8.3	9.2	17.5

（出典：総務省「地方財政状況調査」、「住民基本台帳」から筆者作成。なお行政経常収支率その他の分析指標は個々の団体で計算した指標の平均値である。したがって、図表上の経常収入、経常収支から計算した行政経常収支率と一致するとは限らない）

なお、この分析から、税収のうち償却資産にかかる固定資産税の割合が最も高い団体は除きました。原子力発電所等が立地している団体などです。全国で16市、120町村あります。当該市の債務償還可能年数の中央値は5.7年、町村は1.3年で実質無借金が44団体あります。財政は極めて盤石です。

　こうした団体を除いた1,582市町村をみると、市よりも町村、町村の中でも人口規模が小さいほど財務状況が良好なことが読み取れます。実質債務月収倍率が最も低いのは人口5千人未満の町村の平均4.2カ月。以下、5千人以上1万人未満の6.6カ月、1万人以上の7.9カ月が続きます。積立金等月収倍率も最も高水準なのが5千人未満の12.4カ月です。最下段の債務償還可能年数は分母である行政経常収支が小さいと極端に大きくなるので平均ではなく中央値でみますが、こちらも最も良好なのは5千人未満の町村の3.8年で、人口規模が大きくなるにつれ長くなることがみてとれます。

　行政経常収支率も最も高いのは5千人未満の13.2％。次いで5千人以上1万人未満の12.1％、以下、人口規模が大きくなるほど行政経常収支率は低くなっていきます。

② 割高になる住民1人当たりの行政コスト

　住民1人当たりの経常支出をみると、対象住民に紐づけられる扶助費は別として、団体の規模が小さくなるほど1人当たりの額が大きいことがうかがえます。行政サービスの水準を保つために最低限必要な職員と公共施設を抱えなければならないにもかかわらず、需要者である住民が少ないため、住民1人当たりの行政コストが割高になると考えられます。

　図表4・23は自治体職員1人に対する住民数を自治体の人口規模別に比較したグラフです。たとえば人口10万人以上の場合、職員1人に対する住民数は160人前後です。住民の160人に1人が自治体職員ともいえます。人

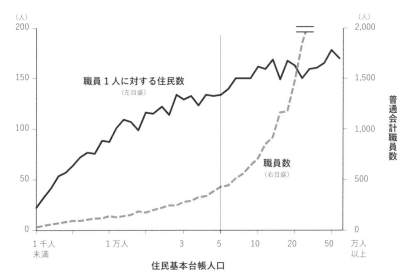

図表 4・23　職員 1 人に対する住民数

（出典：総務省「地方公共団体定員管理調査」、「住民基本台帳」から筆者作成。職員数は平成 31 年 4 月 1 日、人口は平成 31 年 1 月 1 日現在）

口 10 万人以上では職員数と住民数の関係に大きな変化はありません。自治体の職員数は住民数にほぼ比例するといえます。

　ただ、人口 10 万人を割り込んだあたりから様子が違ってきます。職員 1 人に対する住民数が逓減、すなわち 10 万人以上の規模のような比例関係ではなくなっていきます。人口規模が小さくなっても、同じペースでは職員数が減らないことを意味します。

　このような下方硬直性がみられるのは、人口にかかわらず自治体として最低必要な職員数の水準があるからといえます。たとえば、人口 696 人の沖縄県粟国村は職員数が 34 人です。住民 160 人に 1 人が自治体職員とすれば人口 696 人に対しては 4 人となりますが、それでは公共サービスが立ちゆきません。人件費以外の経常支出についても程度の違いはあるものの同じような下方硬直性がみられます。

　小規模になればなるほど支出が嵩むのは普通建設事業費も同様で、5 千

人未満の町村の住民１人当たりの水準は１万人以上の町村の４倍弱となっています。維持補修費や補助費等も同じ傾向がみられます。**公共施設の整備、維持管理については小規模であるがゆえの不経済性が働く**ようです。

③ 財政補填・担い手・サービスの持続可能性

割高な行政コストをカバーする財政補填の限界

経常経費・投資的経費ともに、自治体の規模が小さいほど相対的に大きくなります。最低限必要な機能があるので、人口に比例して縮小できないともいえます。それにもかかわらず、行政経常収支率は小規模であるほど良好です。行政経常収入の水準が高いからです。

ただし、その内訳をみると経常収入を高くしているのは地方税ではありません。規模が小さいほど経常収入に占める地方税の割合は低くなり、人口５千人未満の団体の平均は12.1％です。

小規模自治体の財政が、行政コストの水準が高いにもかかわらず健全な背景には、割高な行政コストをカバーして余りある財政補填の仕組みがあるからです。ただ、国の財政状態や社会保障費等の拡大見込みを考えると、この仕組みが将来にわたって持続可能かは不透明です。

先ほど例に出した粟国村は、那覇市の沖縄本島の西側にある粟国島を行政区域とする自治体です。離島ゆえ近隣との連携も難しく、人口規模と職員数の関係を直感的に理解しやすい事例です。これは例外として、小規模ゆえの不経済性の課題を解決するため、広域連携や市町村合併が選択肢に浮かぶのは自然の成り行きといえましょう。

担い手不足とサービス水準の維持をめぐる課題

経済性だけでなく、担い手不足とサービス維持の課題もあります。計算上、小規模自治体の行政コストが割高で職員１人当たりの受け持ち住民数

が少なく算出されますが、だからといってサービスが手厚いというわけでは必ずしもありません。むしろサービス水準の維持が課題になっています。

　高齢化と過疎化が進む中、とりわけ担い手不足は深刻です。2017年（平成29）、人口約400人、職員約20人の高知県大川村が、議員のなり手不足から村議会の廃止を検討したというニュースは耳目を集めました。老朽化対応が求められる折、インフラ整備に携わる技術職の不足も問題です。

　担い手のみならず公共サービスの質においても、小規模自治体は組織の専門分化が難しく兼務職員が多いことから、年々高まる専門性の確保に課題があります。構造的な弱みは災害時に表面化します。発災時の緊急対応において町や村の単独の取組みには限界があります。防災計画の策定など長期的な課題にまで手が回らないというのもよく聞く話です。

平成の大合併の効果はあったのか

　1998年度（平成10）に3,232団体あった市町村の数はその後の20年間で半減し、2019年度（令和元）は1,718団体です。いわゆる平成の大合併で、2003年度（平成15）から2005年度（平成17）までの3年間で1,391の市町村が統合されました。市町村合併の効果はあったのか、合併を経た団体は他の団体と何が違うのか考察します。

❶ 合併団体のほうが多い借入と支出

高い水準にある普通建設事業費と経常支出

　さっそく、2019年度（令和元）の修正損益計算書で平成の大合併を経験した団体としなかった団体でどのような違いが見いだせるか比較してみました（**図表4·24**）。合併といっても合併団体と被合併団体の差が非常に大きい政令指定都市は除きます。また、合併してなお2万人未満の町村も比較から除きます。構造的に高コスト体質なうえ町村別の個別要因も強く、合併によるコスト削減効果を抽出することが難しいからです。市は10万人未満の団体と10万人以上の団体に区分します。修正損益計算書は住民1人当たりの収支項目を比較するものとします。

　合併の有無と規模で区分した修正損益計算書各項目の平均値をみると、**合併あり団体の普通建設事業費が合併なし団体より多い点に目が留まります**。前述の新潟市が政令指定都市に昇格するのに伴って様々な設備投資を

図表 4・24　住民 1 人当たり指標値の人口規模別平均

金額単位：千円／人	町村（人口 2 万人以上）		市（10 万未満）		市（10 万以上）	
	合併なし	合併あり	合併なし	合併あり	合併なし	合併あり
団体数	122	31	207	325	118	122
経常収入	304.5	450.0	398.1	429.8	312.7	346.0
経常支出	276.6	395.7	357.7	377.2	287.9	306.1
人件費	57.1	83.8	73.3	79.1	55.1	61.2
物件費	60.4	85.8	69.5	77.9	54.3	57.3
維持補修費	3.4	6.6	5.6	5.7	3.4	4.5
扶助費	68.5	73.9	98.8	93.5	105.5	101.0
補助費等	46.5	85.2	59.6	66.4	33.6	40.9
繰出金	38.8	56.8	48.2	51.5	34.4	38.8
経常収支	27.9	54.2	40.4	52.6	24.8	39.9
行政経常収支率（%）	8.8	11.7	9.3	11.8	8.0	11.4
普通建設事業費	56.4	91.2	78.6	83.2	40.5	62.2
有利子負債月収倍率（月）	12.9	16.9	14.1	15.9	11.1	15.0
積立金等月収倍率（月）	4.7	9.1	4.1	6.2	2.9	3.8
実質債務月収倍率（月）	8.2	7.8	10.0	9.7	8.2	11.2

（出典：総務省「地方財政状況調査」、「住民基本台帳」から筆者作成）

したのと同じように、市町村合併に伴って建設事業を増やす傾向がみてと
れます。公共施設の新設が市町村合併の条件となるケースもよく聞きます。
建設事業費の財源として有利子負債等も高水準です。実質債務月収倍率の、
積立金等を控除する前の指標、有利子負債月収倍率が、規模階層のそれぞ
れで合併ありのほうが合併なしよりも高くなっています。

　収支状況に目を転じると、**合併団体は経常支出の水準も高い**ことがわか
ります。内訳をみると人件費、そして業務委託費を含む物件費も高くなっ
てます。規模の経済性が働き、合併団体のほうが低くなりそうなものです
が、実際はそうでもないようです。

進行途上にある職員数の適正化

　次の図表 4・25 は 2019 年度（令和元）の市町村の職員数を合併の有無と
人口規模で整理したグラフです。

　図表中、　合併ありの団体の 1998 年度の職員数とは、構成団体の当年度
の職員数を単純合算したものです。すでに説明した通り、自治体の職員数
は住民数によっておおよそ決まっています。住民数と職員数は正比例の関

係ではなく、住民数が2倍に増えたからといって職員が2倍必要になるとは限りません。ならば、合併によって住民数が増えれば、増えた住民数に適合した新たな職員の適正規模があるはずです。合併直後は単純合算となっても、時間が経つに従って職員数は漸減し、いずれ合併後の住民数に適した職員数に収束する、という仮説を立てました。

　図表4・25からみると、たしかに**合併後、合併後の住民数に合った職員数を目指して職員数が減少している**様子がみてとれます。合併の有無にかかわらず自治体の職員数は減少傾向をたどっていますが、合併を経験した団体のほうが減少ペースは合併を経験しなかった団体より速いテンポをたどっています。とはいえ、住民数にあった職員数に収束しているかといえば、直近において合併あり団体のほうが職員数が多いことから、適正数への収束に向けていまだ進行途上のようにうかがえます。

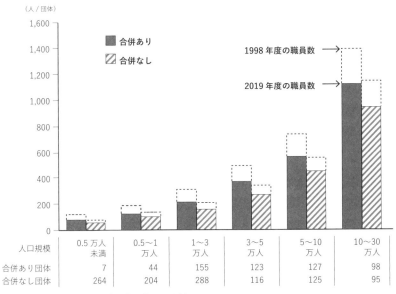

図表4・25　平成大合併以前の職員数との比較
（出典：総務省「地方公共団体定員管理調査」、「住民基本台帳」から筆者作成）

支出をカバーする経常収入

　さて、合併に伴って増やした設備投資の痕跡が指標からうかがえ、収支状況はいまだ改善途上のようですが、経常収支そのものは合併団体のほうが良好水準にあります。行政経常収支をみると、合併なしの団体の平均が市・町村ともに 8 〜 9% であるのに対し、合併団体はいずれも 11% 台です。積立金等の厚みもあります。2 万人以上の町村で合併団体はそうでない団体の 2 倍弱、10 万人以上の市では合併なしの団体が平均 3 カ月未満であるのに対し、合併団体は 3.8 カ月です。

　支出が多いにもかかわらず収支良好なのは、支出を十分カバーするほどの経常収入があるからです。団体区分にかかわらず、経常収入は合併なし団体に比べて高い水準です。「合併算定替」による地方交付税の差が主な要因です。合併すると地方交付税が減るところ、激変緩和措置の意味合いで、合併した年を含めて 15 年の間、構成団体が仮に合併しなかったとして地方交付税を計算する制度でした。最後の 5 年は新団体一本算定への移行期間で優遇幅は漸減します。合併に伴って起債した「合併特例債」の償還費補填のための加算もあり、特例期間の終盤においても地方交付税の減少ペースは比較的緩やかになってます。

　合併特例債も合併に伴う優遇策の 1 つで、合併年度を含む 10 年度の間に起債が認められる、使途の自由度が高い借入制度です。合併団体において普通建設事業費が多く、借入水準が高いのも合併特例債によるところが大きいと思われます。積立金等の水準が高いのにも同じ背景があります。

❷ 旧構成団体が多いほど高い総務費の減少率

　合併効果についてもう少し詳しくみてみましょう。

　目的別歳出区分の総務費に属する人件費及び物件費について、1998 年度（平成 10）から 2019 年度（令和元）までの増減率を計算。合併の有無によ

る分布状況の差を検証してみました（**図表4·26上**）。上に伸びたヒゲが上位10％に位置する団体の増加率、下が下位10％の減少率、以下同様に、箱の上下の辺が各25％、真ん中の水平線が中央値を示しています。

　減少幅にバラツキがありますが、いずれにせよ**合併なしの団体よりは合併を経験した団体のほうが、合併するのであれば多くの団体と合併したほうが、総務費の減少幅が大きい**ことがうかがえます。

　図表4·26下は職員数の増減率の分布を示しています。合併を経た団体の

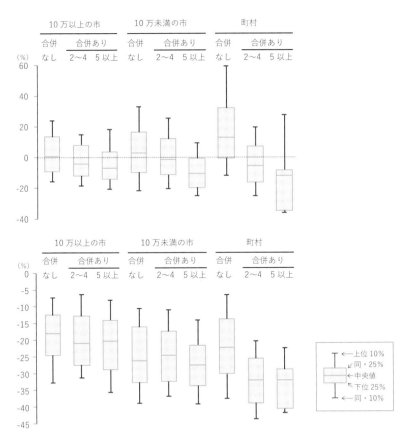

図表 4·26　総務費に属する人件費・物件費（上）、職員数（下）の増減率の分布

（出典：総務省「地方財政状況調査」、「住民基本台帳」、「地方公共団体定員管理調査」から筆者作成）

ほうが職員数の減少率が大きくなる傾向が見受けられます。

　地方公営企業、たとえば水道事業、公立病院の経費は、収益が増えれば
それに連動して増える**変動費**と、収益の増減にかかわらず最低限必要な**固
定費**の２つに分類されます。規模の経済性による**費用逓減の効果が期待で
きるのは固定費**のほうです。地方自治体にも、市町村合併によって、総務
費にかかる人件費及び物件費のコスト削減につながることが先の分析から
うかがえます。合併による改善効果はたしかに存在します。

　一方、前述の通り合併に伴うコスト削減効果はなお一層の発揮の余地が
あるように思われます。合併のピークの2005年度（平成17）に合併した
団体も、比較的良好な財務状況の背後にあった優遇措置の終了に伴って減
収が見込まれます。より一層のコスト削減を迫られ、いずれ人口規模に合っ
た水準に収束すると思われます。

③ 合併団体の財務分析にあたっての留意点

　最後に、合併団体の分析にあたって２点付け加えます。

都市機能が分散する可能性

　１つは、職員数や公共施設が人口規模にあった規模に収束すると見込ま
れるものの、都市機能が分散したまま経過する可能性もあることです。合
併前はそれぞれの市町村で市民ホール、体育館、庁舎等をワンセット保有
していた団体でも、元々の生活圏が分散していたなどの事情で統合が容易
でないケースがあります。

　また、公共施設の統廃合は耐用期限が到来したときがきっかけになりま
すが、逆にいえば比較的新しい施設が残っている状態で合併したような
ケースではなかなか統廃合が進みません。自治体によって異なる背景を斟
酌することが重要です。

定性的な合併効果の存在

　もう1つは、固定費が削減された分、変動費や技術水準の向上に必要な
コスト増加があり、合併効果が収支状況に反映しないケースがあることで
す。合併を機に、それまで被合併団体では手掛けていなかったが合併団体
では実施していたサービスを、被合併団体のエリアで新たに始めるなどが
あります。設備のメンテナンス基準は合併を機に構成団体のうち最も高い
ところに合わせられます。被合併団体のスタッフでは足りず、増員を余儀
なくされるかもしれません。これまで目先の業務に追われて優先順位を上
げられなかった防災計画も手掛けられるようになります。人が増え組織が
専門分化することで専門性の向上も期待できます。

　要するに市町村合併の効果としてのコスト削減は事実ですが、そればか
りではないということです。**技術水準の向上、サービスメニューの拡大な
ど定性的な合併効果もあります。**

第 **5** 章

損益計算書を踏まえた
財政改善の視点

経営改善計画の考え方

① 目標を立てる──財政改善目標の立て方

民間企業の財政診断の発想で講じる改善策

　本章では、修正損益計算書による財務分析を踏まえた改善計画の考え方について説明します。

　改善目標を立てるにあたって、まずはキャッシュフロー分析指標のゴールを定めます。財務状況を診断するために作った財務状況クロス図を使って検討します。ただし改善策の検討は財務分析と逆の経路をたどります。

キャッシュフロー分析指標のゴール設定

　図表5・1の例では、5年度前に実質債務月収倍率が18カ月、行政経常収支率が16.0%でした。債務償還可能年数は9.4年になります。その後、行政経常収支率が低下、収支が悪化傾向にもかかわらず建設事業を当初の予定通り進め、資金不足を地方債で補填したため借入水準も高くなっていきました。直近年度は実質債務月収倍率が22カ月と収支状況にかかわらず債務高水準の判定を受けるほどに悪化。行政経常収支率は6.6%まで落ち込みました。

　事例では、改善目標として実質債務月収倍率を12カ月、行政経常収支率を14.0%と設定しました。ゴールは財政に問題のないエリアに位置するよ

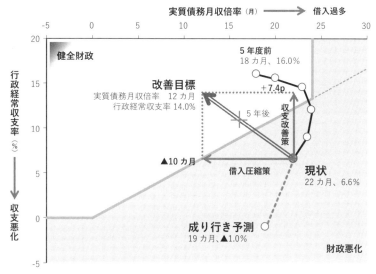

図表 5·1　財務状況クロス図と改善目標（筆者作成）

うに定めます。次に、改善目標に向けた改善策を借入圧縮策と収支改善策に分解します。事例では実質債務月収倍率で 10 カ月分の圧縮策、行政経常収支率で 7.4 ポイント分の改善策となります。

　それぞれ定めた借入圧縮策と収支改善策の目標値に対し、ストックであれば資金運用表、フローであれば修正損益計算書を眺めながら具体策を講じます。具体例については後述しますが、借入圧縮ならできるだけ設備投資を抑制する、設備投資をするにしてもできる限り地方債を起債しないように努力することが現実的な解となります。一過的な効果ではありますが、保有する財産を売却して繰り上げ償還する方策もあるでしょう。

　収支改善の面では、財務分析の過程で発見した問題点を解決することが基本です。同規模の自治体に比べ相対的に嵩んでいる費目はないか、あればそれが改善ターゲットとなります。時系列で並べてみて、健全財政だった頃と比べて増えた費目がみつかればそれが改善のターゲットになる可能性があります。そのとき正常だったにもかかわらず後に悪化した原因を探りましょう。

成り行き予測を踏まえた改善計画

　冒頭の事例は現状で財政が悪化しており、悪化した現状からいかに正常化を図るかに着眼した改善計画です。このまま放置していたらどのような行く末をたどるかのシミュレーションの結果、何もしなければ5年後に実質債務月収倍率が19カ月、行政経常収支率が▲1.0%となることがわかりました。この「何もしなければ○年後にこうなる」という予測を本書では「成り行き予測」ということにします。

　これまで説明してきたように、コロナ禍に伴う不確実性を脇に置けば、財政問題のない地方自治体が大多数です。都道府県や政令指定都市には厳しい団体もありますが、こと町村にいたっては実質無借金の団体も多いです。地方財政の問題とは、今現在の問題というよりむしろ将来の問題です。人口減少、少子高齢化、インフラ老朽化など懸念材料は現在ではなく将来にわたって存在します。問題の芽はたしかに現在ありますが、問題が顕在化するのはもう少し先です。

　一般論として「問題」とは「あるべき姿」と「現状」のギャップをいいます。そのギャップを発見し、正しく測定し、乖離を埋めることが「改善」です。ただし、現在から未来に至る時間軸において、当のあるべき姿と現状をどこに設定するかによって問題解決の意味は異なってきます。**現時点のあるべき姿と現時点の現状を比較するのか、それとも、将来のあるべき姿と将来の現状を比較するのか。地方自治体の財政分析で重要なのは前者よりむしろ後者です。**あるべき姿と現状を将来に設定する視点です。

　そこで、「成り行き予測」の出番となります。将来に視点を置いた場合、問題解決すべきギャップとは、何も手を打たなければそうなるであろう悪化見通しと、将来にわたって持続可能な財務状況とのギャップとなります。

　図表5・2の事例は、現状に問題ないものの、近い将来に財政が悪化することが明らかなケースです。

　5年度前は実質債務月収倍率が15カ月、行政経常収支率が18.0%。債務

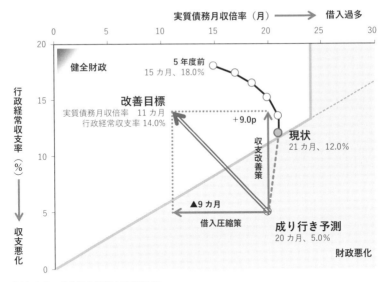

図表 5・2　成り行き予測と改善目標（筆者作成）

償還可能年数は 6.9 年ですから健全財政です。少しずつ借入が増え、収支も悪化していきました。借入は若干歯止めがかかってきましたが、行政経常収支率は継続して低下傾向をたどっています。直近年度は、実質債務月収倍率が 21 カ月、行政経常収支率は 12.0% でした。債務償還可能年数は14.6 年と微妙な情勢です。実質債務は特筆すべき水準ではありませんが、これ以上の収支低下が伴えば借入水準とのバランスを崩してしまいます。財政悪化とまではいかなくとも火種にはなるでしょう。

　そこでシミュレーションしてみたところ、このままでは 5 年後に行政経常収支率が 5.0% になることが明らかになりました。借入水準は緩やかに低下していくことが見込まれますが、収支悪化に歯止めをかけられなければ財政危機に陥ります。

　さて、この場合、財政の問題となるのは将来の成り行き予測の結果によるものです。成り行き予測と改善目標のギャップが改善策となります。ゴールは実質債務月収倍率を 11 カ月、行政経常収支率を 14.0% と置きました。

改善の方向を借入圧縮策と収支改善策に分解しますが、借入圧縮目標は改善目標の 11 カ月と成り行き予測で見込まれる 20 カ月の差分の 9 カ月分。収支改善目標は同じく改善目標の 14.0% と成り行き予測で見込まれる 5.0% との差分の 9.0 ポイントとなります。

❷ 収支見込み表を作る

収支見込み表の例

収支見込み表の作り方について解説します。

図表 5・1 の例は直近年度で実質債務月収倍率が 22 カ月、行政経常収支率が 6.6% で、将来の改善目標は実質債務月収倍率が 12 カ月、行政経常収支率が 14% でした。これを基に収支見込み表を作成します。実際に作成したのが図表 5・3 です

見込み表の最左列すなわち直近年度（**図表中 X 年度**）は、10 万人未満の市、2019 年度（令和元）の決算で債務償還可能年数 15 年以上かつ実質債務月収倍率 18 カ月以上、すなわち債務高水準が疑われる先の平均的な行政キャッシュフロー計算書を参考にしました。図表 5・1 の改善シナリオは実際のところもう少し年数が必要なのですが、紙幅の都合で 5 年先に中間目標を設定するものと仮定し、5 年分の収支見込みを作成しました。5 年目に実質債務月収倍率が 16 カ月、行政経常収支率が 11.0% となり、債務償還可能年数は 13.4 年と問題ない範囲に収まります。説明を簡単にするため、積立金等の増減はないものと仮定しました。

実質債務の残高目標の設定

まずは実質債務の残高の目標を定めます。借入返済すなわち財務支出は返済予定に従って見込みます。なお支払利息の水準は地方債現在高に金利水準を乗じたものです。

図表 5・3　図表 5・1 の改善目標に即した向こう 5 年分の収支見込み表

単位：百万円

科　目	X年度	構成比	X + 1	X + 2	X + 3	X + 4	X + 5	構成比
経常収入	17,750	100.0	18,000	18,250	18,500	18,750	19,000	100.0
経常支出	16,585	94.9	16,604	16,655	16,721	16,802	16,903	89.0
人件費	3,221	18.1	3,240	3,285	3,330	3,375	3,420	18.0
物件費	3,077	17.3	3,096	3,121	3,145	3,188	3,230	17.0
維持補修費	253	1.4	252	256	259	263	266	1.4
扶助費	4,208	23.7	4,230	4,252	4,292	4,331	4,370	23.0
補助費等	3,105	17.5	3,095	3,083	3,070	3,055	3,040	16.0
繰出金	2,391	13.5	2,371	2,349	2,326	2,301	2,297	12.0
支払利息	330	1.9	320	310	300	290	280	1.5
経常収支	1,165	6.6	1,397	1,595	1,779	1,948	2,097	11.0
特別収入	389	2.2	500	500	400	400	400	2.1
特別支出	144	0.8	150	150	150	150	150	0.8
行政収支	1,411	7.9	1,747	1,945	2,029	2,198	2,347	12.4
投資収入	1,918		650	600	600	600	600	
投資支出	4,447		1,300	1,200	1,200	1,200	1,200	
普通建設事業費	3,905		1,000	1,000	1,000	1,000	1,000	
投資収支	-2,529		-650	-600	-600	-600	-600	
財務収入	2,000		2,000	2,000	2,000	2,000	2,000	
財務支出	3,000		3,000	3,000	3,000	3,000	3,000	
財務収支	-1,000		-1,000	-1,000	-1,000	-1,000	-1,000	
収支合計	-2,119		97	345	429	598	747	
┃主要残高								
現金預金	455		552	896	1,325	1,924	2,670	
地方債現在高	33,000		32,000	31,000	30,000	29,000	28,000	
実質債務	32,545		31,448	30,104	28,675	27,076	25,330	
┃分析指標								
債務償還可能年数 (年)	28.3		22.9	19.4	16.9	14.9	13.4	
実質債務月収倍率 (月)	22.0		21.0	19.8	18.6	17.3	16.0	
行政経常収支率 　(％)	6.6		7.8	8.7	9.6	10.4	11.0	

（筆者作成。四捨五入の関係で図表中の数字から差引額や指標を計算しても合わないことがある）

　資金運用表を思い出してください。行政収支と純額ベース建設事業費の差額で生じる資金過不足が実質債務の増減に反映します。よって、**実質債務を減らすには行政収支を増やすか純額ベース建設事業費を減らすかのいずれかになります。**投資収支の大部分は普通建設事業費です。普通建設事業費の財源として国庫支出金、都道府県支出金や関係者から得る分担金負担金を増やし、できるだけ行政収支の黒字を費消しないように留意するのがポイントです。

　表が複雑になるので例示しませんでしたが、財産売払収入は投資収入に

属します。遊休資産を売却するのも投資収支のマイナスを減らす具体策の1つです。

行政収支見込みの設定

次に行政収支の見込みの立て方です。作成例における、経常収入に対する経常支出の構成比は、支払利息を除いて、債務高水準が疑われる人口10万人未満の市のものを流用しています。収支面のうち人件費、物件費については現状問題ないため、構成比を将来に向かってそのまま踏襲しました。扶助費は自主事業を節約すると想定し削減。補助費等と繰出金は健全団体のレベルを目指し削減すると見込みました。

このような具合で、まずは目標年度（**図表中X＋5年度**）の行政経常収支率から同年度のあるべき構成比を見積もります。次いで構成比から目標残高を設定。そのうえで、X＋1年度からX＋4年度までの各残高を前後がつながるように記載します。

③ 財政改善策を講じる

問題の性質によって決まる収支改善策と借入圧縮策のウェイト

改善目標に合わせて改善策を講じます。財務状況クロス表で明らかなように改善策は収支改善策と借入圧縮の2つに大別されます。ダイエットに喩えれば収支改善策は基礎代謝の向上、借入圧縮策は食事制限、極端な手ではありますが脂肪吸引もあるでしょう。遊休資産の売却です。

抱える財政問題の性質によって収支改善策と借入圧縮策のウェイトは異なります。これが読者のみなさまに本書から得ていただきたい"気づき"です。**借入過多であれば第一の処方箋は借入圧縮策、収支悪化であれば収支改善策**です。問題と改善策がチグハグなのはいただけません。

もっとも、収支見込み表を書くとわかるように、返済原資がないことに

は約定償還が進まず、自己資金による最低限の投資もできなくなってしまうことから、借入圧縮のためには収支改善が必要になってきます。一定程度の収支水準に戻さないと借入圧縮の見込みを立てにくいのが現実です。この点、収支改善策は借入圧縮策の1つでもあります。

修正損益計算書の科目と改善策

収支改善策は増収策と支出削減策があります。それぞれ修正損益計算書の科目別に考えます。

まず地方税ですが、地方税の増収策とは「3. 地域経済活性化と財政改善」で後述する地域活性化そのものです。北海道猿払村は人口こそ2,600人程ですが、個人住民税収の過去10年の増加率が全国2位。ホタテ漁の活性化が功を奏しました。固定資産税の増収策はまちづくりの工夫です。地方税の徴収率の強化策もあります。ベテランとチームを組んだ督促の強化、インターネット公売など新しい滞納処分の方法などです。口座振替やクレジット払いなど収納窓口の充実策もあります。

地方税以外の経常収入として思いつくのは公共施設の使用料の見直しです。ネーミングライツ（施設命名権）の設定もあるでしょう。遊休施設、スペースの活用もあります。手近なのは有料駐車場です。定期借地権を設定し民間企業がカフェやコンビニエンスストアを営業する方法もあります。

経常支出の削減策にはどのようなものがあるでしょう。まず内訳で最もウェイトが高い人件費です。新規採用の抑制や退職者不補充、給与テーブルや各種手当の見直しなどがあります。正職員を削減した分はパート・アルバイトで代替することになります。あるいはそれまで正社員が担っていた業務を外注すること、アウトソーシングです。パート・アルバイトの賃金や外注先に支払う委託料は物件費に計上されますので、人件費の代わりに物件費が増えます。

扶助費は国や都道府県からの補助がない自主事業が見直しのターゲット

になります。子育て支援はどの自治体も力を入れる戦略事業ではありますが、それだけにコスト膨張に気をつける必要があります。事務事業評価などを通じ、費用対効果を見極めることが重要です。重複しているサービスがないかも事務事業評価の観点の1つです。

　補助費等も検討の余地が多い科目です。補助事業の費用対効果を見極め、あらかじめ定めた優先順位にそって見直しを図ります。補助事業において補助金は支出材料費のようなもの。事業単位でみれば申請を審査し支給決定の手続きを行う職員の人件費、所属部署の固定費が加わります。事務事業評価を通じて補助事業全体のコストを見据え、コストにみあった政策効果があるかどうかの見極めが必要です。

　補助費等の内訳でしばしば問題となるケースが地方公営企業や第三セクター等に対する補助金です。とくに赤字補填の補助金において、その赤字が地域医療の維持など社会的に必要な行政コストなのか、単なる放漫経営の後始末なのかを見極める必要があります。この点においては繰出金も同様です。公営事業に対する補填は繰出金を通じて支出されますが、支出先が、企業会計を適用する「公営企業」である場合に費用科目が補助費等になります。

借入圧縮策

　収支見込み表の作成で述べた通り、返済計画通りに粛々と返済を進めることが基本です。そのうえでできるだけ普通建設事業費を圧縮すること。国はじめ上位団体の補助金や受益者の分担金の割合を増やし、行政収支をできるだけ充当しないようにすること、ひいては地方債の起債に頼らないようにすることです。資金運用表でいう「純額ベース普通建設事業費」を減らすことです。そうすれば返済が進むにつれ借入水準は低下していきます。我慢を続け、時が解決してくれるのを待つ戦術です。

　積極的に減らす方法もあります。ダイエットにたとえれば脂肪吸引術です。遊休財産を積極的に売却し、繰上償還や積立金等に回す作戦です。売却代金は投資収入の財産売払収入に計上されます。

将来ビジョンに基づく収入の見極め、支出の順位づけ

① 順位づけの基準としての将来ビジョン

ポイントその1　判断基準——経営はやめるべきこととみつけたり

　自治体経営を一言でいえばと問われたとき、筆者は「やめるべきを決めること」と答えます。収支改善策の定番である補助事業の事業仕分けにせよ、どれを残しどれを廃止するかを決める公共施設の検討にせよ、決まって揉めるのが「やめること」です。

　ここで、「必要か否か」という問いを立てると失敗します。自治体が取り組む公共サービス、補助事業、公共施設に不要なものはないからです。この二者択一ですと、ほとんどの検討対象が「必要」になってしまいます。詭弁ではなく事実としてもそうでしょう。

　すべて必要と認めたうえで、さてどの程度必要なものか相対評価します。まずは無くなったら決定的に困るものか、民間のサービスや施設で代替できないかを考えます。相対評価、言い換えれば優先度に順番をつけることです。不可欠なのが評価基準です。それが**経営方針、ないし将来ビジョン**です。「笑顔がすてきなまち」のような理念をぼんやりと抽象的に掲げたものが見受けられますが、本来は公共サービス、補助事業、公共施設の重要性に優先順位をつけるにあたっての評価基準として使えなければなりません。

まちづくりを重視するのか、子育て支援か、医療・介護サービスの充実か、どれも欠かせない重要施策には違いありませんが、欠かせない中でも何に重きを置くのか、どちらかを断念しなければならない究極の選択を迫られたときに迷わないための判断基準が必要です。

ポイントその2　予算制約――入るを量りて出るを制す

　次は予算制約です。将来どれくらいの財源が確保できるかの推計が必要になります。

　古来「入るを量りて出るを制す」という格言があります。将来の財源見通しで重要な要素が現役世代の動向です。人口見通しに1人当たりの税収を乗じ地方税の将来推計をします。こうして見込んだ予算制約の下、債務償還可能年数をはじめキャッシュフロー分析指標が正常範囲から逸脱しないように、優先順位に従って支出をコントロールするのが経営です。

　将来人口推計はサービス需要の見込みでもあります。人口は公共サービスの量を、年齢構成は質を規定します。年齢構成はマーケティング材料の中で最も重要な属性です。年齢層によって公共サービスのニーズが異なる

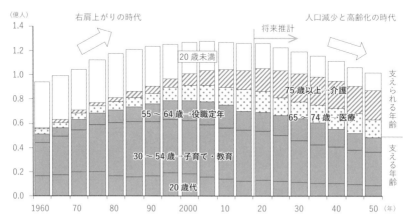

図表5・5　年齢階層別にみた人口
（出典：総務省「国勢調査」、国立社会保障・人口問題研究所「日本の将来推計人口（平成29年推計）」から筆者作成）

からです。30代から50代半ばの子育て年齢層は核家族が多く、学校や保育に関するニーズが旺盛です。子どもが独立する年代になると夫婦2人世帯が多くなり、高齢層になるにつれ独居世帯が増えます。65歳以上で入院病床のニーズが増え、75歳以上になると介護ニーズが増えます。

　つまるところ自治体の経営とは、成り行き予測とあるべき姿を踏まえた将来ビジョンを策定。将来ビジョンを判断基準として施策に優先順位を付し、予算制約の下で施策を選択することに他なりません。事業と財源の発想、すなわち必要か不要かの択一基準で施策をリストアップし、次いで財源をいかに確保するかを考えるという発想からの転換が必要です。

② 人件費削減の落とし穴

　委託の検討については後述しますが、ここで先に人件費の削減について注意すべき2つのケースを書いておきます。

定員削減がコスト増になるケース

　1つは人件費削減のつもりで進めた定員削減が意図に反してコスト増加をもたらすケースです。

　典型的なのが公立病院です。一般的に**費用には収益に連動する変動費と収益にかかわらず発生する固定費**があります。公立病院において医師や看護師の人件費は変動費の性質を帯びます。医師や看護師の数が受け入れ患者数に制度上も実態的にも連動するからです。医師や看護師を減らしてしまうと患者数が減少するので医業収益が減ります。医業収益から医療材料費、医師や看護師など直接人件費を控除したいわゆる粗利も減ってしまいます。他方、病床はじめ医療設備は固定費です。事務スタッフの人件費も固定費の性格が強いです。これら固定費を粗利で回収できなくなると赤字転落し、この状態を放置すると赤字幅が拡大します。赤字補填に必要な繰出金（科

目上は補助金）が増え、自治体の財政悪化につながります。**変動費と固定費の区別なく経費削減ひいては定員削減の一点張りになりがちなのも歳入歳出の考え方が根底にあります**。ここでも損益計算書の発想への転換が求められます。

外部委託がコスト増になるケース

もう１つは、外部委託でかえって原価を増やしてしまうケースです（図表5・6）。職員給与費を減らそうと、従前は職員が従事していた業務を外注したとします。この際、削減対象の職員給与費よりも委託料の水準が低いことをもってアウトソースを決定します。ここで注意すべきは２点です。

１点目は、**委託料の内訳には受託企業の経費と利益が含まれており、受託企業の職員給与費はそれよりも少ないこと**です。サービスの質の面で問題になる可能性があります。

もう１点は、**アウトソースによってかかる経費は委託料だけではないこと**です。発注先を決めるための事前説明、発注事務、契約。契約後は成果

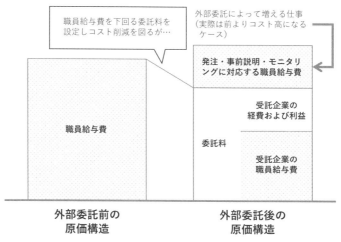

図表5・6　外部委託でかえって原価が増えるパターン（筆者作成）

のモニタリングが必要になります。職員給与費と委託料を比較してコスト低減したようにみえても、アウトソースにかかる自治体側の職員給与費を委託料に合算すると委託前の職員給与費を超えているケースが散見されます。アウトソースの検討にあたっては、その業務にどれだけの人数と時間がかかっているのか工数調査が不可欠です。オフィスの一般管理費を加えるとなお公平です。

③ 業務仕分けの方法

業務仕分けの考え方

アウトソースの検討にはどのような方法があるでしょうか。例として業務仕分けの考え方を紹介します。

はじめに自治体の仕事を要素業務に分解し、自治体職員が自ら実施すべき業務を絞り込み、民間企業その他の外部に委託する業務、臨時・非常勤職員が分担すべき業務に区分する作業です。まずは図表5・7で示すように、

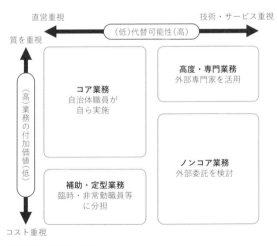

図表5・7　業務仕分け（筆者作成）

「業務の付加価値」「代替可能性」の2軸で分類しましょう。

　ここで業務の付加価値とはその業務に対してどれくらい支払うことができるかという評価軸です。サービス1時間に対し1,000円なのか2万円なのか。費用対効果の観点でいえば、付加価値の低い業務ほど費用すなわちコストが、高い業務ほど効果すなわち内容が重視されます。

　代替可能性の評価軸について、軸の左側は自治体にしかできない業務、または自治体が手がけるべき業務を意味します。公権力の行使を伴うなど法令上公務員にしか認められない業務はそもそも代替可能性がありません。政策的な判断を伴うもの、判断に相当のリスクが伴うものなども代替可能性が低いといえるでしょう。まとめて自治体の「コア業務」とします。

　他方、コア業務であっても定型業務でコスト重視のものは「補助・定型業務」と位置づけられます。図表5・7の左下の象限です。正規職員ではなく臨時・非常勤職員等（2020年度以降の「会計年度任用職員」）に分担されるケースが多いです。

　図表5・7の右半分、代替可能性が高いとは民間企業等にも取扱い可能な業務であることを意味します。むしろ自治体でなく民間企業等が手がけたほうが技術・サービスの面で高い効果を期待できる業務も当然含まれます。それが右上の「高度・専門業務」。弁護士やコンサルタントなど外部専門家を活用したほうがよい業務です。右下の象限、つまり民間企業等も手掛けられコスト重視の業務は「ノンコア業務」となり、外部委託の検討対象となります。経験豊かなな民間企業に委託するのがよいでしょう。

　ワークショップ形式で実践する場合、2つの評価軸を問いの形に言い換えるのがコツです。「**コスト削減につながるか**」「**技術・サービス水準の向上につながるか**」です。民間委託の動機はこの2つに集約されます。

④ 公共施設の再検討

公共施設の供給と需要の年齢ギャップ

すでに述べた通り借入圧縮策は普通建設事業費をできるだけ抑えることが基本です。他方、公共施設の老朽化が問題になっており、更新案件を中心に拡大基調が見込まれています。

とりわけ市区町村は、団塊ジュニア世代の入学時期に整備した学校施設を多く保有しています。2020年3月末時点で市区町村が保有する公共施設の延床面積4億8,714万㎡のうち約36%が小中学校。**少子化で余剰となった学校施設をどうするかが課題**です（**図表5·8**）。

ニーズに目を転じると、高齢化を背景に介護関連施設の充実が求められています。団塊の世代が75歳を超え後期高齢者になる年に掛けて「2025年問題」という言葉があるほどです。年齢構成の変化で生じた公共施設の需要と供給のギャップを厳しい予算制約下でいかに埋めるかが課題になっています。

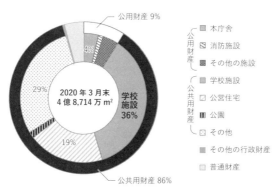

図表5·8　市区町村が保有する公共施設の床面積シェア
(出典：総務省「公共施設状況調査」から筆者作成)

公共施設の新設・更新に必要な優先順位

このような課題を踏まえ、公共施設の新設を極力減らし、現在ある公共施設の更新、修繕、廃止を決める一連の取組みが公共施設マネジメントです。検討ポイントを３点挙げたいと思います。

第一のポイントは個々の公共施設に優先順位をつけることです。まずは**施設別コストを計算します**。元々の整備費を耐用年数で按分し単年度のコスト（減価償却費）を求めます。これに人件費を含む維持管理費を足して施設別コストが算出されます。施設別コストが「Ａ公民館に年間５千万円」、ひいては「書籍貸出１冊当り500円」のレベルで明らかになることで、当の施設を残すべきか否かを直感的に考えることができます。

次いで**予算制約を定めます**。予算上限に達するまで、あらかじめ決めた優先順位に沿って公共施設のうち更新するものを選びます。ここで予算制約は行政キャッシュフロー計算書の状況で決まります。民間企業において設備投資の適正水準は「フリーキャッシュフロー」の範囲とされます。フリーキャッシュフローとは行政キャッシュフロー計算書でいえば「行政収支」にあたります。純額ベース普通建設事業費を行政収支の範囲に抑えることができれば実質債務を増やさずにすみます。資金運用表を思い出してください。

複合施設化

第二のポイントは複数の施設を統合し片方を廃止することです。同じ機能の施設を統合し片方を廃止した例として北九州市立思永中学校温水プールがあります。中学校のプールと市民プールを統合し、出入口を分け、日中は学校用、夜間休日は市民プールとして「二毛作営業」をしています。学校プールの老朽化が全国で問題になっていますが、神奈川県海老名市では2007年度から温水プールでの水泳授業を始め、４年かけて市内に19ある小中学校のプールを全廃しました。

いくつかの施設を統合することには、少なくともトイレや事務室など共用部分の節約効果があります。さらに、図書館、公民館及び市民ホールなど相互に脈絡がある組み合わせを工夫すると、単なるコスト削減に留まらず新しい付加価値を生み出すことができます。市民ホール、図書館、生涯学習センターが一体になった神奈川県大和市の文化創造拠点「シリウス」(**図表 5·9**)、図書館を核に青少年の居場所機能が充実している東京都武蔵野市の「武蔵野プレイス」はその好例です。

　公民館の集約は、封切りから日が経つにつれスクリーンを移動するシネコンを考えればメリットがわかりやすいと思います。地域に分散するより、1つの建物に大小取り交ぜ様々なサイズの部屋を揃えると使い勝手が向上するとともに稼働率が改善します。

　学校施設の利用者層を一般市民に拡大する方向で複合化した例には千代田区立昌平小学校があります。複合施設「昌平童夢館」の核テナントで幼稚園、保育園、児童館、まちかど図書館と同居しています。地階の温水プールが一般開放されています。校内の屋上校庭、多目的ホール、体育館、音楽室、家庭科室等も区民のサークル活動に使われています。まちかど図書館は小学校の図書室と一体整備されており、児童は互いに行き来できます。

図表 5·9　大和市文化創造拠点「シリウス」
（筆者撮影（2017 年 12 月 2 日））

コンバージョン庁舎

第三の道として転用もあります。人口約16万人、宮城県第2の都市の石巻市。2010年（平成22）に開庁した市役所庁舎は元々百貨店の店舗でした。1958年（昭和33）築の旧庁舎は老朽化が目立ち、建て替えのため別の場所に新庁舎の用地を確保していましたが、財政難で実現に至りませんでした。そのような折、現庁舎のビルで営業していた「さくら野百貨店」が撤退することになりました。建物は市に譲渡され、改修のうえ市庁舎に転用されました。事業費は用地費込みで29億9,100万円と、同じ規模の庁舎を新たに建設するのに比べコストが安く抑えられました（**図表5·10**）

同様の事例として2014年（平成26）の栃木県栃木市があります。こちらも元は百貨店でした。新築した場合の工事費は約65億円と見込まれましたが、既存の建物を再利用したことにより約28億円ですみました。

百貨店以外を挙げれば、茨城県土浦市役所はスーパーを核テナントとする複合商業施設でした。青森県むつ市は郊外型のショッピングセンターです。東京都目黒区の総合庁舎は経営破たんした千代田生命保険の本社ビルでした。稀代の建築家、村野藤吾の設計です。山梨県山梨市の庁舎は元工場、滋賀県長浜市は元病院、富山県氷見市の庁舎は高校の体育館でした。

図表5·10　石巻市役所
（筆者撮影（2016年9月4日））

PFI その他の官民連携

　公共発注は一般競争入札、分離・分割発注が原則です。雇用対策の反面、コスト高になりがちなのが課題です。対して民間発注は協力会社に対する見積り合わせ発注が主流。発注単位や工程を必要以上に分離・分割せずに発注します。**品質と納期を維持したままでコスト削減の工夫が可能な民間流の発注をベースに公共施設を整備する手法**、いわゆる PFI（Private Finance Initiative：プライベート・ファイナンス・イニシアティブ）を活用するのも一考です。

　自治体の財政負担なしで公共施設を新築する方法もあります。古くは神奈川県横浜市の横浜スタジアム。近年では大阪府吹田市の吹田市立サッカースタジアムがあります。いずれも市民の寄付や関係者の拠出を募り、完成後の興行を見据えた集客本位の施設を整備。完成後は自治体に寄付をして、代わりに「運営権」を得るスキームです。

　東京都の井の頭恩賜公園の一角にある三鷹の森ジブリ美術館も似たスキームです。民間企業が自前の資金で美術館を整備し、完成後に市に寄付する代わりに自ら運営する権利を得ています。集客が見込める立地、施設であることが条件にはなりますが、料金徴収を含む運営権を民間企業に与え自由な経営を保証する代わりに施設整備を民間に負担させるようにすれば、公共施設を新たに整備するにしても自治体の負担は軽くすみます。

3.

地域経済活性化と財政改善

① 地域所得と地方税

増収策の王道としての地域活性化

最後の節は地域活性化と自治体財政の関係について説明します。

自治体財政、とくに経常収入の増収策の王道は地域活性化です。言い換えれば、自治体財政と地域経済の向くべき方向性は一致しています。自治体財政の改善は地域経済の活性化でもあるわけです。

ここでは**地域活性化を地域所得の向上と定義**します。年1回のイベントを盛り上げて観光客を呼び込むのは必ずしも地域所得の向上に結び付きません。年1回ですと安定した雇用を生み出しません。瞬間的に増える需要に合わせて設備拡充しても平時に閑散としていれば維持費が嵩み赤字になります。ポイントは需要を通年で平準化することです。トップを一過的に伸ばすより、ボトムを底上げするのが重要です。

自治体の収入改善は地域活性化すなわち地域所得の向上を図ることと同義です。実際、地域所得は地方税、とりわけ市町村民税と連動します。

図表5・11は市町村民税のうち個人住民税所得割と法人税割の全国比と、県民所得の全国比を比較したグラフです。構成比で比べればほぼ一致していることがわかります。単に法人税ですと本社が東京一極集中しているため東京都に偏ります。法人税割ですと、市町村の従業員別に按分されます

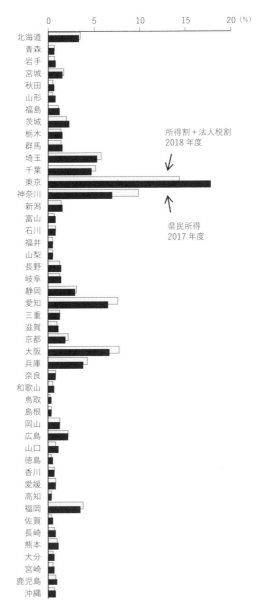

図表 5・11　市町村民税と県民所得
(出典：総務省「地方財政状況調査」、内閣府「県民経済計算」から 筆者作成)

ので本社がなくとも当の法人の所得が税額に反映されます。

逆にいえば、所得割と法人税割の全国比から、県民所得を推測することもできます。県民所得の元となる県民経済計算は都道府県別に推計し内閣府が集計のうえ公表しています。様々な1次統計から2次的に作成するため時間がかかり、47都道府県分の集計値の最新年度は2017年度（平成29）です。即時性に課題を残します。県民経済計算は文字通り都道府県の所得を算出するものです。政令指定都市は別として、市町村単位では市民所得を算出する市町村は少なく、市町村で横比較することができません。地域活性化の成果を測定するには市町村民税を指標とするのも一考です。

地域活性化指標としての地方税

市町村民税と県民所得の全国比が連動するとの想定の下、市町村民税の所得割と法人税割から県民所得を試しに推定してみました（**図表5·12**）。図表5·13は、宮城県涌谷町、北海道猿払村、ニセコ町、宮城県大衡村のそれぞれ市町村民税所得割および法人税割の全国比に前年度の県民所得を乗じた値を計算し、その推移を示したグラフです。按分して求めた対象は町なので、「県」民所得ではなく、正確には県民所得から求めた「町」民所得というべきでしょう。

図表5·13の折れ線を上から見ると、宮城県涌谷町は東日本大震災のあった年度に底があります。

北海道猿払村は10年で1.5倍になりました。2019年度（令和元）において、過去10年の市町村民税の伸びが全国で2番目に大きかった自治体です。宮城県大衡村は、2011年度（平成23）から大きく伸びています。当地に進出したトヨタ自動車関連の大規模工場が操業を始めた年です。

北海道ニセコ町はスキーリゾートを起点とした観光振興で有名です。国内のスキー人口が伸び悩む中、外国人の誘客に積極的に取組みました。観光施設の通年稼働を目当てに、ラフティングをはじめアウトドアスポーツ

図表 5・12　県民所得を1年遅れで反映する市町村民税
(出典：総務省「地方財政状況調査」、内閣府「県民経済計算」から筆者作成)

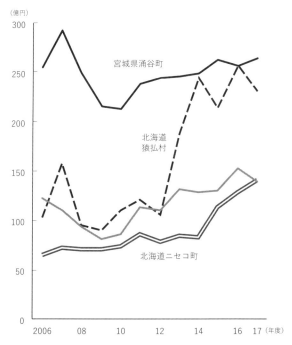

図表 5・13　地方税シェアから推計した地域所得
(出典：総務省「地方財政状況調査」、内閣府「県民経済計算」から筆者作成)

関連の入込客を増やしています。宿泊業など観光産業における収益増が他の分野にも波及し、地域所得は増加傾向をたどっています。

　県民所得と市町村民税の年度を１年ずらして按分計算した数値が市町村民所得と厳密に一致しているかはまだ検証の余地があります。とはいえ、自治体にとってもっとも身近な市町村民税に着眼することは、自治体財政の改善と地域活性化を一体で検討できる点で大きな意義があります。「測定できないものは管理できない」と言われます。地域活性化もその成果を定量把握できなければ実効性に不安が残ります。

地域所得の水準が示す地域の「稼ぐ力」

　地方税から推計した地域所得の水準は、地域の「稼ぐ力」を示しています。これを業績評価指標に設定することで、地域活性化の取り組み方も変わってきます。

　これまでの「地域活性化」は一過的なイベントで中心街や観光地の賑やかさを求めてはいなかったでしょうか。重要なのは、一過的な盛り上がりではなく、通年で人を集め地元で消費してもらうこと。観光を産業化し、仕入れ先の裾野を地域内に広げ、賑やかさを地域所得の向上に結び付ける仕組みです。活性化の目的を地域所得の向上に定めることで、施策は地域の「稼ぐ力」の強化に収れんします。創業支援、地元企業に対する経営支援もその一環です。

　地域活性化は自治体が一方的に提供するサービスではありません。自治体財政の改善策の１つであり、地域の「稼ぐ力」を強化し、税収を増やすための施策と位置付けられます。

　とりわけ補助金に対する考え方が変わります。これまでは、賑やかさを演出するための財源と考えられていなかったでしょうか。単なる弱者保護政策とも違います。補助金は将来の税収を増やすための「元手」という考え方に転換します。この発想を進めると、自治体の補助金支出に税金収入

が対応し、支出と収入から算出した事業利回りから補助事業の成否を評価するようになると思われます。現在とはまったく異なった補助金の考え方です。

 経済の自立度と地方財政の自立度

地域経済分析システムによる分析

　経済産業省と内閣官房まち・ひと・しごと創生本部事務局が提供する地域経済分析システム（RESAS、リーサス）は、産業構造や人口動態、人の流れなどのデータを地域別に可視化するシステムです。

　メニューの1つ、「地域経済循環図」は地域 GDP の3つの側面、すなわち生産、分配、支出の関係を図示したものです（**図表 5・14**）。このうち分配に対する生産の比率を「地域経済循環率」といい、地域経済の自立度を意味

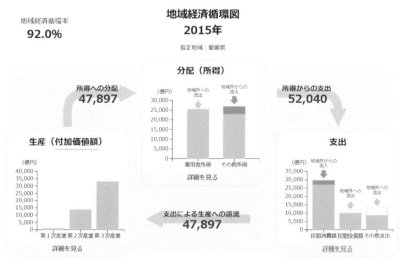

図表 5・14　地域経済循環図

（出典：RESAS（地域経済分析システム）－地域経済循環図 https://resas.go.jp/regioncycle/#/map/38/38201/1/ 2015（2021 年 9 月 17 日に利用））

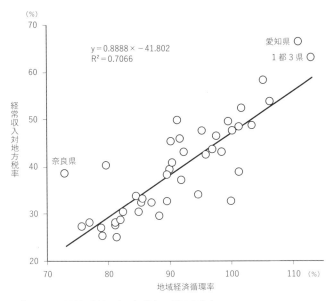

図表 5・15　地域経済循環率と経常収入対地方税率 (2015 年度)
(出典：総務省「地方財政状況調査表」、RESAS から筆者作成)

します。

　ここで生産とは第 1 次、第 2 次及び第 3 次産業が産み出した付加価値の合計です。たとえば図表 5・14 の愛媛県は 2015 年で 4 兆 7,897 億円。それに対し分配、すなわち給与含む所得の合計は 5 兆 2,040 億円で、生産を分配で除した地域経済循環率は 92.0％となります。

　分配が生産よりも大きいのは域外からの補填があるからです。その内訳には交付税、補助金、社会保障給付など域外からの移転収入があります。域外からの補填を受けた所得は支出すなわち域内外の購買活動に充てられます。それが生産活動に反映する次第です。ここで循環が一周しました。

　都道府県別にみると、2015 年度において地域経済循環率が最も高いのは東京都の 154.5％。一方隣接する埼玉、千葉、神奈川県は 80％前後と低くなっています。通勤圏内の所得移動、言い換えれば隣接県で生活する人が

東京に通勤して働くことを反映しています。そこで1都3県にまとめると111.6％でした。それでも最高値に変わりありません。大阪府、愛知県がこれに次ぐ水準でした。

　ここで目が留まるのは、地域経済循環率が地方財政の自立度と連動してることです。自治体の修正損益計算書から、経常収入のうち地方税の占める割合、「経常収入対地方税率」を計算しました。これは財政の自立度を意味します。経常収入対地方税率と地域経済循環率の関係を示した図表5・15をみると、この2つの指標の相関関係が見受けられます。

　埼玉県や奈良県など越境通勤に伴う所得流入が多い県は別として、指標からうかがえる**経済の自立と財政の自立度は連動しています**。経済の自立と財政の自立が一体であることを示唆しています。

財政の依存度と建設業・医療福祉の関係

　次に財政の自立度と産業構造の関係を調べてみました。図表5・16は、経常収入対地方税率と、就業者に占める建設業・医療福祉の割合を示した散布図です。経常収入対地方税率が低いほど、就業者に占める建設業・医療福祉の割合が高いことがわかります。

　過疎問題を抱える地方において当地の「基幹産業」が建設業や医療福祉であるケースが多く見受けられます。地方ではとくに高齢化が進み、高齢化に伴って医療福祉に関するサービスのニーズが高まります。

　ところで医療福祉は健康保険、介護保険など保険財政が主な財源です。地域に流入する社会保障給付が増えます。こうした地域の地域所得をみると、全所得に占める社会保障給付の割合が高くなります。これを自治体財政の側からみると扶助費や国民健康保険に対する補助金の増加に反映します。経常収入にはこれら高齢化関連の支出に対応する国や県の補助金が含まれます。

　建設業、とくに公共事業も外部からの補助財源が中心です。補助事業は

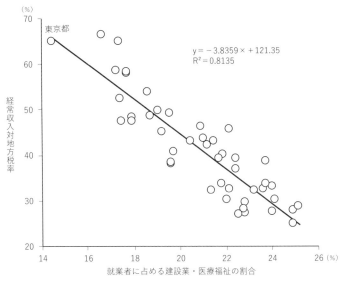

図表5·16　建設業・医療福祉と経常収入対地方税率 (2015年度)
(出典：総務省「地方財政状況調査表」、「国勢調査」から筆者作成)

地方交付税や補助金が主な財源となります。国はじめ上位団体からの補助金収入と、高齢化や公共事業に関する支出が、地域経済と自治体財政の両方に反映する構図をイメージしてください。

　財政の自立度を高めることは経済の自立度を高めることと同義です。 逆にいえば、財政の依存体質から脱するには、経済の自立度を高めること、つまり国や上位団体からの補助財源に頼らずに、外に対して稼ぐ経済体制を構築することに他なりません。地域の外、つまり域外に対して稼ぐ産業でなければならないのはなぜかといえば、まずは域内に対する売上は上限が決まっているからです。第4章第4節で人口と自治体職員数の関係を説明しましたが、視点を変えれば地域住民に対するサービスを提供する業種は公務員に限らず「定員」が決まっているといえます。人口にかかわらず売上拡大するには販売先やサービス提供先を求めて域外に打って出なければなりません。

外需ビジネスの育成がカギ

さて、そもそも産業は主な販路によって外需型と内需型に分けられます。地元を販路とする内需型産業は地域の人口水準で規模が決まります。普段使いの小売店、理容美容を想像してください。地方公務員や地域金融機関も同様。建設業や医療福祉も内需が基本です。

対して外需型産業は域外の広い市場が販路です。製造業や卸売業がその代表ですが、地方であれば農林漁業も有望です。農林業業から加工業、販売。域外から広く集客するなら飲食店や小売店も外需型になります。ホテルなど観光業もあります。

経済の自立度を高めるには外需型産業の育成に注力することがカギとなります。外需型産業の就業者とその家族が増えれば、彼らを顧客とする内需型産業も伸びます。たとえば地方に地の利がある農林漁業。地元の農産物を加工のうえ商品化し、観光振興と一体的にアピールしつつ、地域商社を通じて全国に販路を拡大するのが地域活性化の定番です。就業者1人当たりの付加価値額つまり労働生産性を高める工夫も必要。これまでの農林漁業や観光業には課題がありました。IT化を進めるとともに、製造業であれば単に加工を請け負う業態から脱し、技術開発やデザインの工夫でいかに付加価値が高い新製品を世に出すかがこれからのテーマです。

経済の自立なくして財政の自立なし、とはいえ自治体だけの努力で進む話ではありません。経済の自立とは外需ビジネスを育成すること、具体的には地元企業の新製品開発や販路拡大、外需ビジネスに挑戦する起業を支援することをいいます。地域所得の向上を共通目的に、地域金融機関その他の多様な支援機関が強みを生かして連携することが重要です。

巻末注

* 1　所得税（33.1％）、法人税（33.1％）、消費税（19.5％）、酒税（50％）、地方法人税（100％）

* 2　第 203 回国会参議院総務委員会第 3 号（2020 年 11 月 24 日）

* 3　https://www.soumu.go.jp/iken/zaisei/card.html（2021 年 9 月 1 日確認）

* 4　ウェブサイトで公開する地方自治体も少数ですがあります。リンクは埼玉県和光市の令和元年度決算（2021 年 9 月 1 日確認）。

　　http://www.city.wako.lg.jp/home/shisei/_13207/_5862/reiwa1kessan.html

* 5　地方財政法第 7 条第 1 項　地方公共団体は、各会計年度において歳入歳出の決算上剰余金を生じた場合においては、当該剰余金のうち二分の一を下らない金額は、これを剰余金を生じた翌翌年度までに、積み立て、又は償還期限を繰り上げて行なう地方債の償還の財源に充てなければならない

* 6　地方自治法 208 条第 2 項　各会計年度における歳出は、その年度の歳入をもつて、これに充てなければならない

* 7　地方財政状況調査（決算統計）検収調書の令和元年度の目次は次の通り

　　1 令和元年度決算の特徴

　　2 公営企業会計（法適・法非適）に対する繰出金調

　　3 繰越額等の状況

　　4 基金に関する調

　　5 その他特定目的基金に関する調

　　6 普通建設事業費に関する調

　　7 地方税に関する調

　　8 復旧・復興事業に係る地方債に関する調

　　9 公債費に関する調

　　10 公的資金の補償金免除繰上償還に関する調

　　11 扶助費に関する調

　　12 国民健康保険事業会計に関する調

　　13 想定企業会計に関する調

　　14 地方公社への貸付金等の状況に関する調

　　15 土地開発公社に委託した公有地先行取得事業に関する調

　　様式は次のリンクの資料からうかがうことができます。リンク先は埼玉県の決算統計関係資料（2021 年 9 月 1 日確認）

　　https://www.pref.saitama.lg.jp/a0107/zaiseitantou/kessanntoukeikannkeisiryou2.html

* 8　繰上償還、財政調整基金以外の基金への積み立ても収支調整策の 1 つとなることから、厳密には基金等の代わりに地方債現在高や基金全般を含めた「実質債務」のような残高を評価指標の要素にすべきですが、重要性にかんがみここでは財政調整基金に限定しました。

* 9　正式名称は「法人に対する政府の財政援助の制限に関する法律」

　　第三条　政府又は地方公共団体は、会社その他の法人の債務については、保証契約をすることができない。ただし、財務大臣（地方公共団体のする保証契約にあっては、総務大臣）の指定する会社その他の法人の債務については、この限りでない。

* 10　資金運用表の計算式は次の通り。【　】は総務省「地方財政状況調査」の調査表中の位置を表す。excel 等で作成する場合は数字の正負に注意しましょう。

　　（1）純額ベース建設事業費＝普通建設事業費【13 表 12 行 1 列】－（普通建設事業費の特定財源のう

ち国庫支出金【同2列】＋都道府県支出金【同3列】＋分担金負担金寄付金【同5列】）

(2) 投資・出資・貸付金等の純増＝投資及び出資金、貸付金、定額運用基金の各純増を加算

投資及び出資金の純増＝年度末残高【30表16行11列】－（前年度の）年度末残高＋調整額【同行10列】

貸付金の純増＝年度末残高【30表01行11列】－（前年度の）年度末残高＋調整額【同行10列】

定額運用基金の純増＝定額運用基金年度末残高【29表06行7列】－（前年度の）年度末残高＋調整額【同表05行7列】

(3) 積立金等の純増＝歳入歳出差引と積立基金（財政調整基金、減債基金、その他特定目的基金）の各純増を加算

歳入支出差引の純増＝歳入歳出差引【02表01行3列】－（前年度の）前年度歳入歳出差引

積立基金年度末残高【29表06行4列】－（前年度の）年度末残高＋調整額【同表05行4列】

(4) 投資財源＝国庫支出金、都道府県支出金及び分担金負担金寄附金のうち、投資及び出資金、積立金、定額運用基金に充当されるもの＋財産売払収入

投資及び出資金：【13表34行2列】＋【同3列】＋【同5列】

貸付金：【13表35行2列】＋【同3列】＋【同5列】

積立金：【13表33行2列】＋【同3列】＋【同5列】

財産売払収入：【04表02行22列】

(5) 地方債現在高の純増＝地方債現在高合計の差引現在高【33表90行9列】－（前年度の）差引現在高

(6) 行政収支＝純額ベース普通建設事業費＋投資・出資・貸付金等の純増＋積立金等の純増－投資財源－地方債現在高の純増

おわりに

最後まで本書をお読みいただき誠にありがとうございます。

言い残したことが1つあります。自治体の損益計算書、「行政キャッシュフロー計算書」が「平和の道具」であることです。

そもそも会計の目的の1つに利害対立の調整があります。経営者、従業員、株主から債権者まで様々な利害関係者がむやみに対立することなく解決策を見出すことが会計の存在意義の1つです。

自治体にも同じことがいえます。公立病院の存続、小中学校の統廃合、文化活動の存続など様々な論点を巡って市当局と住民あるいは住民どうしが意見対立する場面が散見されます。自治体財政を企業分析と同じように診断するのは、財政の持続可能性にかかる理解を共有し、建設的な議論をするためでもあるのです。

読者特典として1,741市町村の行政キャッシュフロー計算書のExcelシートを付けました。みなさまの住む地域の財政をぜひ診断してみてください。そこで明らかになった財政問題を自分事として捉えていただければ幸いです。学校の統廃合など身近な問題も見え方が違ってくるでしょう。

本書は大和総研レポート『自治体の「損益計算書」で稼ぐ力をみる』を学芸出版社の松本優真さまに見つけていただいたことが執筆のきっかけです。企画から執筆まで伴走いただき心より感謝申し上げます。編集部のみなさま、診断のコンセプトが一目でわかる表紙を拵えていただいた装丁ご担当さま、膨大な図表を作図していただいたDTPご担当者さまにも御礼申し上げます。本書で事例を扱うにあたっては関係自治体、東北財務局のみなさまに資料提供いただきました。ありがとうございました。

2021年12月吉日　鈴木文彦

〈著者略歴〉

鈴木文彦（すずき・ふみひこ）

大和総研金融調査部主任研究員

1993年立命館大学卒、七十七銀行入行。2004年財務省出向（東北財務局上席専門調査員）を経て2008年から大和総研。中小企業診断士、FP1級技能士。日経グローカル「自治体財政改善のヒント」、財務省広報誌ファイナンス「路線価でひもとく街の歴史」連載中。他執筆多数。共著に『地銀の次世代ビジネスモデル』（日経BP社、2020年）。

自治体の財政診断入門
「損益計算書」を作れば稼ぐ力がわかる

2022年1月1日 第1版第1刷発行

著者	鈴木文彦
発行者	井口夏実
発行所	株式会社 学芸出版社 京都市下京区木津屋橋通西洞院東入 電話 075-343-0811　〒600-8216 http://www.gakugei-pub.jp/ info@gakugei-pub.jp
編集担当	松本優真
DTP	梁川智子（KST Production）
装丁	中川未子（紙とえんぴつ舎）
印刷	イチダ写真製版
製本	山崎紙工

© 鈴木文彦 2022　　　　　　　　　Printed in Japan
ISBN978-4-7615-2799-0